discover more
Economics in Your Community

Producers and Consumers

Sloane Wilden

Britannica
Educational Publishing

IN ASSOCIATION WITH

R THE ROSEN PUBLISHING GROUP

Published in 2024 by The Rosen Publishing Group, Inc.
2544 Clinton Street, Buffalo, NY 14224

Copyright © 2024 by The Rosen Publishing Group, Inc.

All rights reserved. No part of this book may be reproduced in any form without permission in writing from the publisher, except by a reviewer.

Editor: Brianna Propis
Book Design: Michael Flynn

Photo Credits: Cover Kikujiarm/Shutterstock.com; (series background) Dai Yim/Shutterstock.com; p. 4 Dean Drobot/Shutterstock.com; p. 5 mokjc/Shutterstock.com; p. 6 Harbucks/Shutterstock.com; p. 7 Drop of Light/Shutterstock.com; p. 8 FXQuadro/Shutterstock.com; p. 9 Rawpixel/Shutterstock.com; p. 10 Goami/Shutterstock.com; p. 11 VAKS-Stock Agency/Shutterstock.com; p. 12 StockLite/Shutterstock.com; p. 13 Kampan/Shutterstock.com; p. 15 (bottom) SeventyFour/Shutterstock.com; p. 15 (top) Virrage Images/Shutterstock.com; p. 16 Vipavlenkoff/Shutterstock.com; p. 17 industryviews/Shutterstock.com; p. 18 Mark Geistweite/Shutterstock.com; p. 19 Randy Hergenrether/Shutterstock.com; p. 20 oksana.perkins/Shutterstock.com; p. 21 Andrey_Popov/Shutterstock.com; p. 22 KarlosWest/Shutterstock.com; p. 23 Seika Chujo/Shutterstock.com; p. 25 (bottom) Ivan Kruk/Shutterstock.com; p. 25 (top) jayk67/Shutterstock.com; p. 26 HAKINMHAN/Shutterstock.com; p. 27 Tada Images/Shutterstock.com; p. 28 tomertu/Shutterstock.com; p. 29 Dmytro Zinkevych/Shutterstock.com.

Library of Congress Cataloging-in-Publication Data

Names: Wilden, Sloane, author.
Title: Producers and consumers / Sloane Wilden.
Description: Buffalo : Britannica Educational Publishing, [2024] | Series: Discover more: economics in your community | Includes bibliographical references and index.
Identifiers: LCCN 2023030641 | ISBN 9781641900362 (library binding) | ISBN 9781641900355 (paperback) | ISBN 9781641900379 (ebook)
Subjects: LCSH: Consumers--Juvenile literature. | Economics--Juvenile literature.
Classification: LCC HC79.C6 W54 2024 | DDC 339.4/7--dc23/eng/20230726
LC record available at https://lccn.loc.gov/2023030641

Manufactured in the United States of America

Some of the images in this book illustrate individuals who are models. The depictions do not imply actual situations or events.

CPSIA Compliance Information: Batch #CWBRIT24. For further information contact Rosen Publishing at 1-800-237-9932.

Find us on

Contents

Attracting Customers 4
On the Market 6
Shopping Trip 8
How Can I Help You? 10
Resources 12
Labor 14
Capital 16
Designated Duties 18
It Takes a Team 20
Catchy Slogan! 22
I Want It 24
Rotten Apples 26
Mutual Reliance 28
Glossary 30
For More Information 31
Index 32

Attracting Customers

In 2022, Apple sold 8 of the top 10 best-selling cell phones in the world. Apple is a **producer**. The company makes popular electronics products, such as iPhones and MacBooks. **Consumers** buy these products. Consumers continue to buy Apple products because they like how easy their devices are to use as well as the applications that work only on them. Apple users are loyal to the company and its products. They believe Apple makes superior products and will continue to buy them, even if they are expensive.

Many centuries ago, it was common for producers and consumers to barter, or trade, for goods. Nowadays most consumers pay producers with money for their products.

Consumer loyalty is when a consumer will specifically purchase products from their favorite producer. Many consumers will only buy devices from Apple.

Apple and its customers are a good example of the relationship between producers and consumers. Apple attracts consumers and then holds on to them. They keep producing new products that consumers want. Because those products are often new and exciting, other people become Apple customers too. Producers and consumers need each other. Producers make products that consumers can buy, and consumers pay producers for the things they want or need.

WORD WISE
A PRODUCER IS A PERSON OR COMPANY THAT PRODUCES, OR PROVIDES, GOODS OR SERVICES—SUCH AS APPLE. A CONSUMER IS A PERSON WHO CONSUMES, OR BUYS, GOODS OR SERVICES FOR THEIR PERSONAL USE.

On the Market

Having goods and services on the market—or available to be bought and sold—is the fuel needed for a society to generate wealth. Manufacturers make goods, or products. Sellers sell them to consumers. The money consumers pay keeps the producers in business. Consumers want more and more products and services. This means that producers make more things. More money is spent on goods and services than on anything else.

Consumer demand keeps companies in business, as they make products to satisfy the needs and wants of their customers.

The police force and firefighting service are both paid for by a community with tax dollars.

This economic cycle creates jobs for people in the community. They might make the products or sell the products that other people make. People with jobs have money to spend on goods and services. The sale of goods and services also brings money into the community through taxes. Taxes are fees that people pay to the government. They allow a community to pay for services like education and health care programs.

Consider This

In order for businesses to satisfy the public, they must create and provide goods or services that customers need and want. How do you think they know what products are in-demand? Who might a business consult with to find out?

Shopping Trip

Producers sell their goods, and consumers buy the goods they need or want. But what exactly are goods? They are things that are used, such as electronics devices, or consumed, such as pizza. Goods are also things that can be touched. Some are manufactured, such as gasoline and cars. Others are grown, such as fruits and vegetables. Consumers buy goods because they think they will use them, either once or over and over again.

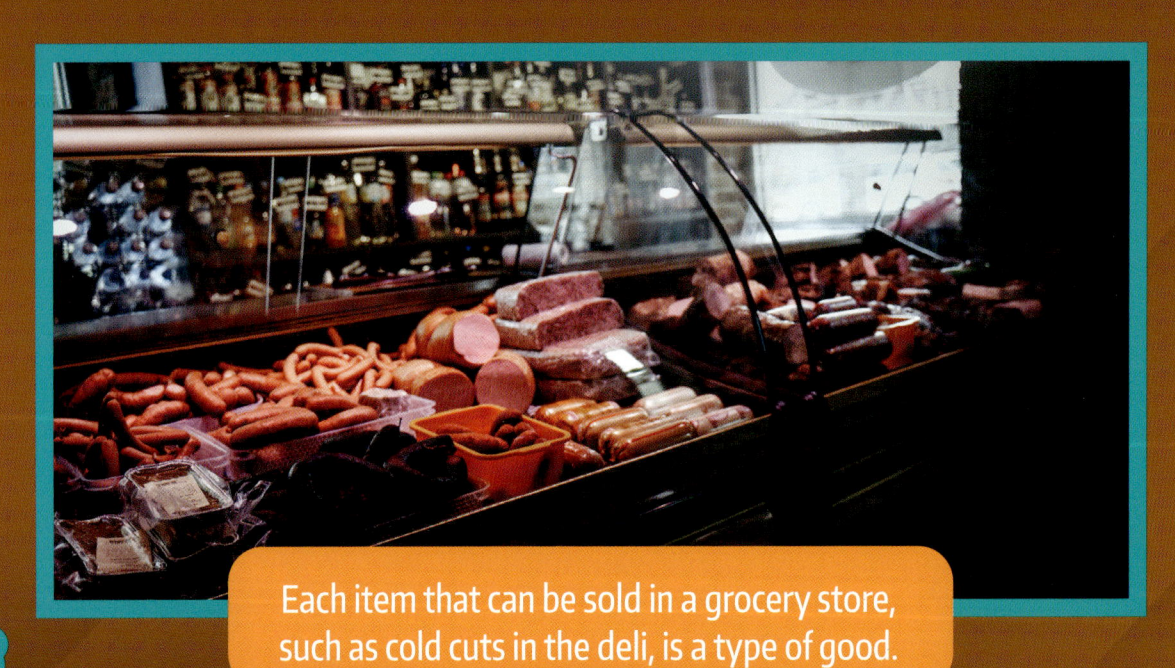

Each item that can be sold in a grocery store, such as cold cuts in the deli, is a type of good.

Many people can purchase goods directly from their phone or computer using a credit card.

Almost everything that is for sale in a store is some kind of good. Goods can be a bag of chips at the grocery store, a new pair of jeans from a department store, or a couch. They can also be sold and purchased virtually through the internet.

Consider This

Goods, like food, are items you can touch and take home with you. Services are actions that other people can provide for you. Can you think of ways that certain goods and services might be related to each other?

How Can I Help You?

A service is a job or action that someone provides for other people. It might be giving people private piano lessons or washing their cars. Firemen and police officers perform a service by putting out fires and enforcing laws. A service does not give the receivers something material. It provides something that they need and might not be able to do for themselves.

Personal trainers and instructors provide a service.

According to the U.S. Fire Administration, 53% of the active firefighter personnel in America are volunteers.

Some people who provide services are paid for their time but some are not. When people volunteer to read to children in a library or to help elders in a nursing home, they are providing a service. Even though these volunteers are not being paid for their services, they are still helping their community by providing a helpful service.

Consider This

A volunteer is someone who performs an activity or service for free. Why might someone choose to volunteer their services without getting paid?

Resources

Economic resources are necessary for producers who must manufacture, or create, their goods. These are things that can be used to make products or provide services. There are three kinds of economic resources. They are land, labor, and capital.

Labor resources can be the servers in a restaurant or the workers manufacturing goods in a factory.

Things that are solar-powered—meaning they run on sunlight—are using a renewable resource.

As an economic resource, land can mean a huge farm, a manufacturing plant, or a tiny workshop. Land also includes natural resources. Some of these natural resources are **renewable**, like trees, animals, and crops. Others are **nonrenewable**, like oil and coal. Because there is a limited amount of nonrenewable resources, it is important to use them carefully.

WORD WISE
RENEWABLE RESOURCES, SUCH AS SUNLIGHT AND WATER, CAN NATURALLY REPLENISH, OR RESTORE, THEMSELVES. NONRENEWABLE RESOURCES ARE THINGS THAT CANNOT BE REPLACED, LIKE OIL AND COAL. IT TAKES MILLIONS OF YEARS FOR THEM TO FORM, SO MANUFACTURERS MUST USE THEM SPARINGLY.

Labor

Labor refers to the workers in an industry who are paid for their services. Workers are needed to make materials into consumer goods. These materials might be natural resources or **raw materials**. Workers can produce goods or perform services.

Workers are a good economic resource because they can be used in different parts of the economy where they are needed. They can also learn to do new things. Unlike resources from nature, they can change depending on where they are needed. But they are human beings, so their physical health and safety are crucial.

WORD WISE
RAW MATERIALS ARE RESOURCES USED IN THEIR NATURAL STATE BY COMPANIES TO MANUFACTURE THEIR PRODUCTS.

A carpenter is a person who knows how to create things from wood, such as furniture or buildings.

compare and contrast

Why are workers not considered a natural resource? What are some important things for a company to take into consideration when hiring labor?

Workers are a helpful resource because they may have natural skill sets, but they can always learn new skills as well.

Capital

Capital can be the actual money that companies use to produce goods or provide services. Companies use money to buy the materials they need to create goods or to build their service-based company. They might use money to buy buildings for manufacturing. Companies also use money to pay their workers.

A bakery has to buy flour and sugar in order to make goods like bread and cookies.

A company requires many assets in order to offer goods and thrive. This can include the building where the business is located, or the machinery used inside the building.

Capital also includes the things that a company or business owns and uses to produce goods and services. This could be buildings, factories, equipment, vehicles, and machinery. Companies often buy these **assets** from other people or businesses. They might also build the assets themselves or pay to have someone build the assets for them. Renting them from someone else is also an option.

WORD WISE
AN ASSET IS A RESOURCE THAT IS USEFUL OR VALUABLE TO A COMPANY. IT MAY BE PROPERTY OWNED BY A COMPANY OR A PERSON, OR THE WORKERS WITHIN A COMPANY THEMSELVES.

Designated Duties

Companies that manufacture goods for consumers are grouped together into industries. There are different categories of industries. Together these types of industries make a chain of production that brings finished goods or services to buyers.

Pumps are used to extract oil from wells deep underground. Many oil companies use robotic technology to operate the pumps.

Raw materials like wood and steel are used by companies to make furniture, buildings, or bridges.

Primary industries get the raw materials needed for making goods. They mine the earth for metals or coal, operate drills to get oil from deep underground, or grow crops. Secondary industries take these raw materials and make them into something else. Oil can be turned into plastic products. Crops can be used to make a variety of things, such as food for consumers or livestock, paper, or fuel.

compare and contrast

Primary industries collect raw materials. Secondary industries create products using raw materials. Which industry do you think is more important to the economy?

It Takes a Team

Manufacturing goods and services is a complicated process that requires more than one industry. Tertiary industries refer to the companies that make it possible to make and sell products and services. Resource and warehouse services help move the goods to the places where they can be sold. Advertisements are designed to make consumers want the goods that are for sale. Tertiary industries also include services such as insurance, health care, and education.

Trucks and ships carry goods from factories to stores, making both a part of the tertiary industry.

Some economists include domestic services, such as childcare and housekeeping, that are provided for free as quinary industries. This is because it helps the economy by providing free services that would otherwise be paid for.

Quaternary industries are businesses that have to do with technology and information. Workers in these industries include computer programmers, researchers in scientific labs, and people who develop new products. Some economies also include the quinary sector, which are jobs in the federal, state, and local governments. It also includes highly paid experts and specialized scientists.

WORD WISE
TERMS LIKE PRIMARY (FIRST), SECONDARY (SECOND), TERTIARY (THIRD), QUATERNARY (FOURTH), AND QUINARY (FIFTH) NUMBER THINGS, LIKE INDUSTRIES, IN ORDER OF IMPORTANCE.

Catchy Slogan!

The creation of goods and services is only the first part of the process—companies and producers have to convince their customers to buy the products! But how do they get consumers to buy or use them? They use marketing and advertising (ads) to convince consumers that they need what those companies are selling. Marketing includes deciding which consumers are most likely to want a product or service.

To sell a new toy, a marketer will target kids. Parents are usually the ones who buy toys, so the marketer has to target them too.

Billboards can be found all over. You might see one while you're driving down the highway, or in a notable tourist location like Times Square in New York City.

When a new movie is released, trailers for it are shown on television. The cinema might even offer special popcorn buckets that have the movie poster on them as a form of **tie-in** advertising.

After a marketer decides which consumers are most likely to buy something, they create advertising for those groups. Ads can appear in many different places. They might be a commercial on television, a social media post, a picture in a magazine, a billboard, or a catchy slogan someone can quote.

WORD WISE
TIE-INS ARE A CLEVER PART OF ADVERTISING. THEY ARE PRODUCTS—SUCH AS CLOTHES, TOYS, OR POPCORN BUCKETS—THAT ARE CONNECTED TO A NEW MOVIE. THEY ARE MEANT TO ADVERTISE AND BUILD EXCITEMENT ABOUT THE MOVIE.

I Want It

If a person wants to buy a new product after seeing it advertised, where do they go? Today, there are many ways to shop. "Brick-and-mortar" stores are the traditional stores where people go to look at things before buying them. These stores can stand alone or be inside a shopping mall. If consumers are looking for a service, like carpet cleaning or window repair, they may call the company and have someone come to their home.

Today, many people shop online. They visit websites where they can choose what to buy and have it sent directly to their houses. Some people receive printed catalogs in the mail and use a credit card to order what they want from the catalog's website, or by sending an order form and a check through the mail.

Shopping malls are still popular places for people to shop for goods. They house numerous stores inside of one large building.

compare and contrast

Why might someone choose to shop online rather than going to an actual store? Are there advantages to going to a brick-and-mortar store over shopping online?

Online shopping has become popular because goods can be bought from inside someone's home and delivered to their door a few days or weeks later.

25

Rotten Apples

Although honesty is the best policy, not every producer or business abides by this. Sometimes consumers end up with **defective** products. Companies often recall products that are defective. This means that consumers return the products to the company and get their money back or have those products fixed or replaced. Sometimes a service does not do what it promised.

Some products are considered dangerous because they have a high level of lead in their paint, which is toxic for people to breathe in. Checking consumer reviews and product descriptions are extremely important.

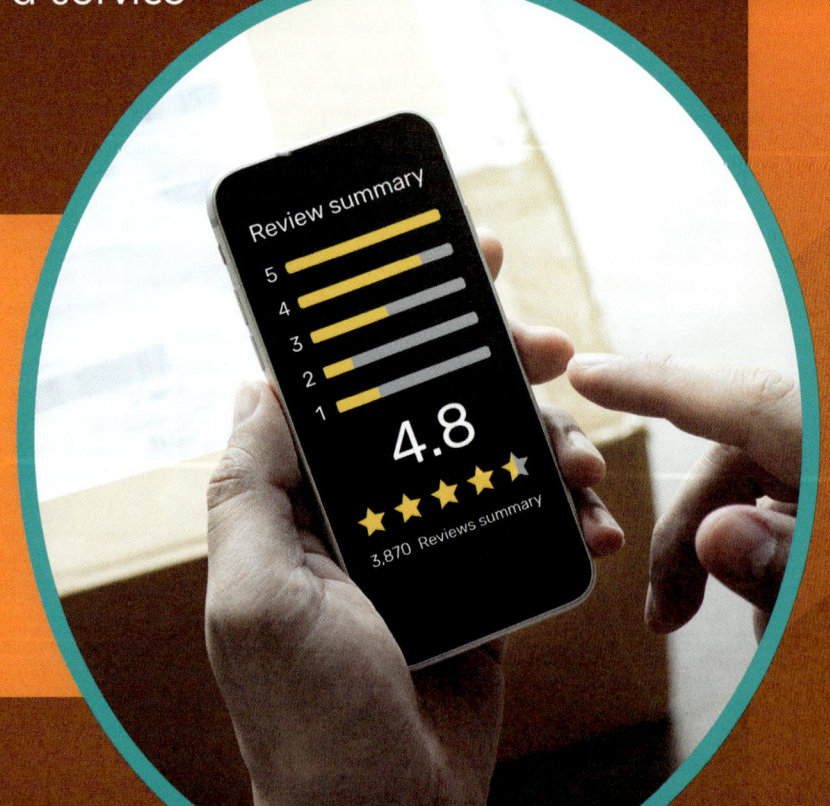

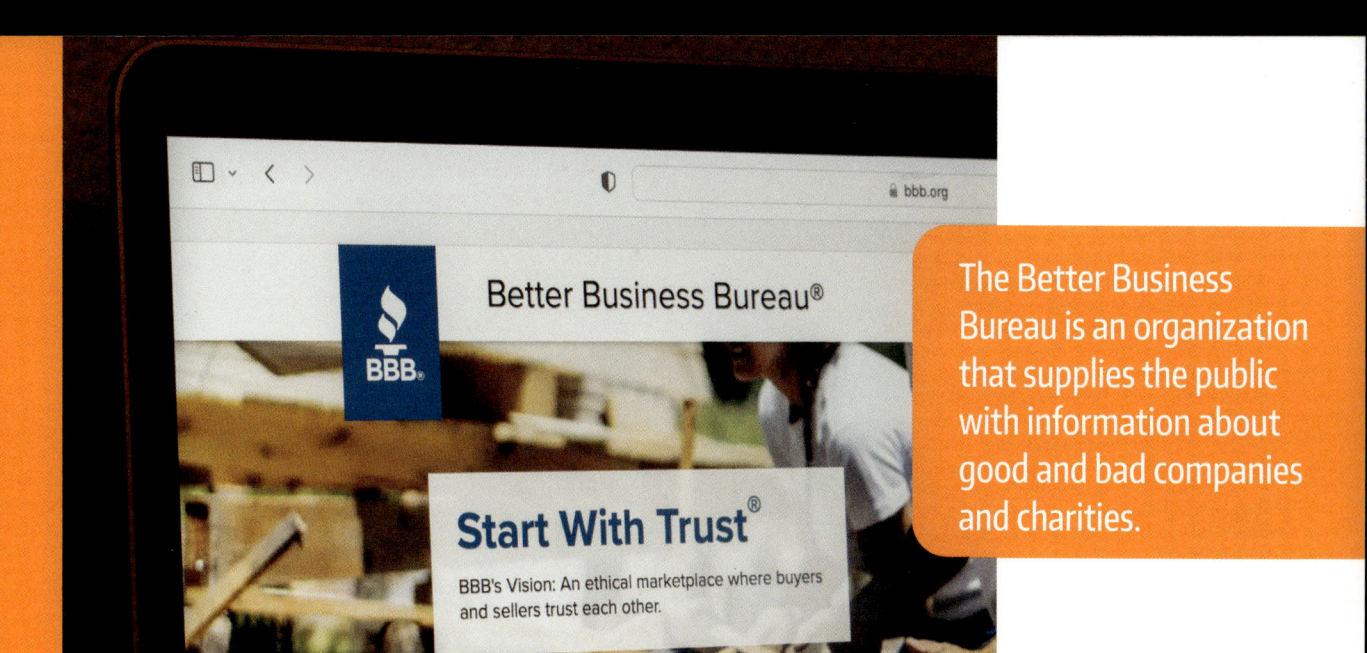

The Better Business Bureau is an organization that supplies the public with information about good and bad companies and charities.

Consumers can research a company before they buy its goods or services. Magazines like *Consumer Reports* rate products. Organizations like the Better Business Bureau have records of good and bad companies. There are also websites that review products and services and let consumers know what's good and bad about them. In order to protect themselves, consumers should conduct research on companies and products before they spend their money—or else they might get ripped off.

WORD WISE
A PRODUCT THAT IS DEFECTIVE MEANS IT IS NOT PERFORMING PROPERLY, SUCH AS A TABLE WITH LOOSE LEGS. IT MAY EVEN BE DANGEROUS.

Mutual Reliance

Producers and consumers rely on each other, so a healthy economy needs the right balance of both. With too many producers and too few consumers, businesses that produce goods and services cannot sell enough to make money. With too many consumers and too few producers, people cannot buy enough of the goods and services they need or want.

A healthy economy needs to balance producers and consumers—like a scale. Producers can also be consumers, and consumers can also be producers!

Buyers and sellers work together to provide jobs, create goods and services, and help communities flourish.

The balance of producers and consumers also keeps a community healthy. Producers pay workers to make goods or carry out services. Those people, in turn, earn money to be consumers themselves. This economic cycle balances sellers and buyers. It also helps a community provide jobs for the people who live there. The jobs generate taxes, which helps the community to function.

Consider This

Can you think of any more examples of a producer and consumer relationship? How might you or your family be producers, and how might you be consumers?

Glossary

advertising To call public attention to a product or service, especially by paid announcements.
catalog A list of goods for sale, along with their descriptions and prices.
crop A plant or animal, or a product from them, that can be grown and harvested.
cycle A series of events or actions that repeat themselves regularly and in the same order.
device A piece of equipment that serves a special purpose.
economic Relating to, or based on the production, distribution, and consumption of goods and services.
executive A person who manages or directs.
industry The businesses that provide a particular type of product or service.
insurance A contract by which someone guarantees for a fee to pay someone else for the value of property if it is lost or damaged.
manufacture The making of products by hand or machinery.
research Careful study and investigation for the purpose of discovering and explaining new knowledge or to collect information.
review To discuss the quality of something.
vehicle Something used to transport persons or goods.
warehouse A building for the storage of goods.

For More Information

Books

Flynn, Sarah Wassner. *Not-So-Common Cents: Super Duper Important Facts About Money You Can't Afford to Miss*. Washington, D.C.: National Geographic Kids, 2023.

Kishtainy, Niall. *The Economics Book: Big Ideas Simply Explained*. New York, NY: DK, 2018.

Lee, Kelly. *What Is Supply and Demand? Little Economists*. San Jose, CA: Econ for Kids, 2022.

Websites

Economics
jr.brainpop.com/socialstudies/economics/
Learn more about goods and services and needs and wants through informative videos and fun games.

Money and Finance, Supply and Demand
www.ducksters.com/money/economics.php
Money and the economy are further explained here.

Publisher's note to educators and parents: Our editors have carefully reviewed these websites to ensure that they are suitable for students. Many websites change frequently, however, and we cannot guarantee that a site's future contents will continue to meet our high standards of quality and educational value. Be advised that students should be closely supervised whenever they access the internet.

Index

A
advertising, 20, 22, 23, 24
assets, 17

C
capital, 12, 16, 17
chain of production, 18
computers, 9, 21
customer, 4, 5, 6, 7, 22

E
economic cycle, 7, 29
economy, 14, 19, 21, 28, 29
education, 7, 20

F
factory, 12, 17, 20

G
government, 7, 21

H
health care, 7, 20

I
industries, 14, 18, 19, 20, 21

L
labor, 12, 14, 15
land, 12, 13

M
manufacturers, 6, 13
marketing, 22, 23

O
oil, 13, 18, 19
online shopping, 24, 25

R
raw materials, 14, 19
resources, 12, 13, 14, 15, 17, 20

S
stores, 8, 9, 13, 20, 24, 25

T
taxes, 7, 29
technology, 18, 21

V
volunteers, 11, 29

MW01473575

haar kombuis is gevul met die reuk van nostalgie
en in haar oor fluister
haar ma en ouma vir haar hartsgeheime
hoe om haar kombuis weer soos huis te laat voel
sy haal die bestanddele uit die kas
lig haar kop op tussen die meelwolke
en net daar begin sy met reuke toor
die geure vat haar op reis na kaneelhorisonne
en sy verdwaal tussen die suikerriet
sy vind haarself langs die roosmarynbos
en maak op pad terug haar sakke vol koemynsaad
vir 'n volgende keer
sy glimlag toe sy terugstaan en kyk
na drie generasies se smeulende handewerk
en klop haarself op die skouer
sy is trou aan al die mooi wat saamgaan
met vrouwees – die kombuis is haar toevlug
en meteens besef sy
sy is en was nog altyd
'n trouvrou

– kaalwoorde

trouvrou
Tweede Uitgawe

saamgestel deur Sylvia Strauss
vir die moderne vrou met 'n nostalgiese hart

WOODROCK
PUBLISHING

Uitgegee deur Sylvia Strauss. Alle regte voorbehou.
Kopiereg © 2021 Sylvia Strauss

Geen gedeelte van hierdie boek mag sonder die skriftelike verlof van die uitgewer gereproduseer of in enige vorm deur enige elektroniese, fotografiese of meganiese middel weergegee word nie, hetsy deur fotokopiëring, plaat-, band- of laserskyfopname, mikroverfilming, via die Internet, e-pos of enige ander stelsel van inligtingsbewaring of -ontsluiting.

Eerste Uitgawe, Eerste Druk 2016
ISBN 978-0-620-72473-9

Tweede Uitgawe, Eerste Druk 2020
ISBN 978-1-990958-00-7

Tweede Uitgawe, Tweede Druk 2021
ISBN 978-1-990958-00-7

Tweede Uitgawe, Derde Druk 2023
ISBN 978-1-990958-00-7

Tweede Uitgawe, Vierde Druk 2024
ISBN 978-1-990958-00-7

Projek bestuur deur Fred van der Linde
Omslagontwerp deur Bjorn van der Linde
Bladuitleg deur Ronel Niemand
Taalversorging deur Surene Lombaard
Fotografie deur Lizelle Lötter
Gedigte deur Ané Kotzé
Stilering en kosvoorbereiding deur Sylvia Strauss
Gedruk en gebind deur ABC Press

Bestellings:
info@trouvrou.co.za
www.trouvrou.co.za

opgedra aan my Bruidegom, die liefde van my lewe;
'n lewe sonder Jou kan ek my nie voorstel nie...

Erkennings

Dankie is so 'n kort woordjie wat so baie moet sê. Baie dankie vir elkeen se bydrae om **Trouvrou** die lig te laat sien. Die meeste van hierdie resepte is deur baie jare versamel. Van die resepte loop al vanaf my hoërskooldae saam. Erkenning is sover moontlik aan die oorspronklike bron gegee. Indien ek jou naam vergeet het, sê ek sommer hier vir jou ook dankie.

Hierdie resepteboek sou ek nooit sonder die hulp van 'n span wonderlike mense, wat saam geglo het aan my droom, kon doen nie.

Tanya Murray - baie dankie vir ure se tik. Dankie vir die invul van stappe wat ek as vanselfsprekend beskou het.

Dankie aan Lizelle Lötter vir ongelooflike foto's en wat my arms omhoog gehou het wanneer ek wou moed opgee. Jy het 'n rare talent en dit was heerlik om saam met jou te kon eet en speel.

Aan Surene Lombaard wat gehelp het met taalversorging, baie dankie.

Mla Smit, dankie vir die skryf van die agterblad en die samevattings van die afdelings.

Marius en Maryna Botha - woorde skiet tekort. Hoe kan ek ooit genoeg dankie sê dat julle bereid was om aan hierdie droom vlerke te gee. Ek sien uit om saam met julle hierdie paadjie te stap.

Stoffel en Linda Fourie, dankie vir julle kosbare vriendskap en dat jul glo aan my droom.

Dankie aan elke persoon wat 'n boek gekoop het en **Trouvrou** se eerste uitgawe 'n sukses gemaak het.

Die heel belangrikste: dankie aan my hemelse Pa vir my talente en die vertroue om hierdie groot visie in my hart te plaas.

"Geseënd is sy wat glo dat dit wat die Here gesê het, sal gebeur." Lukas 1:45

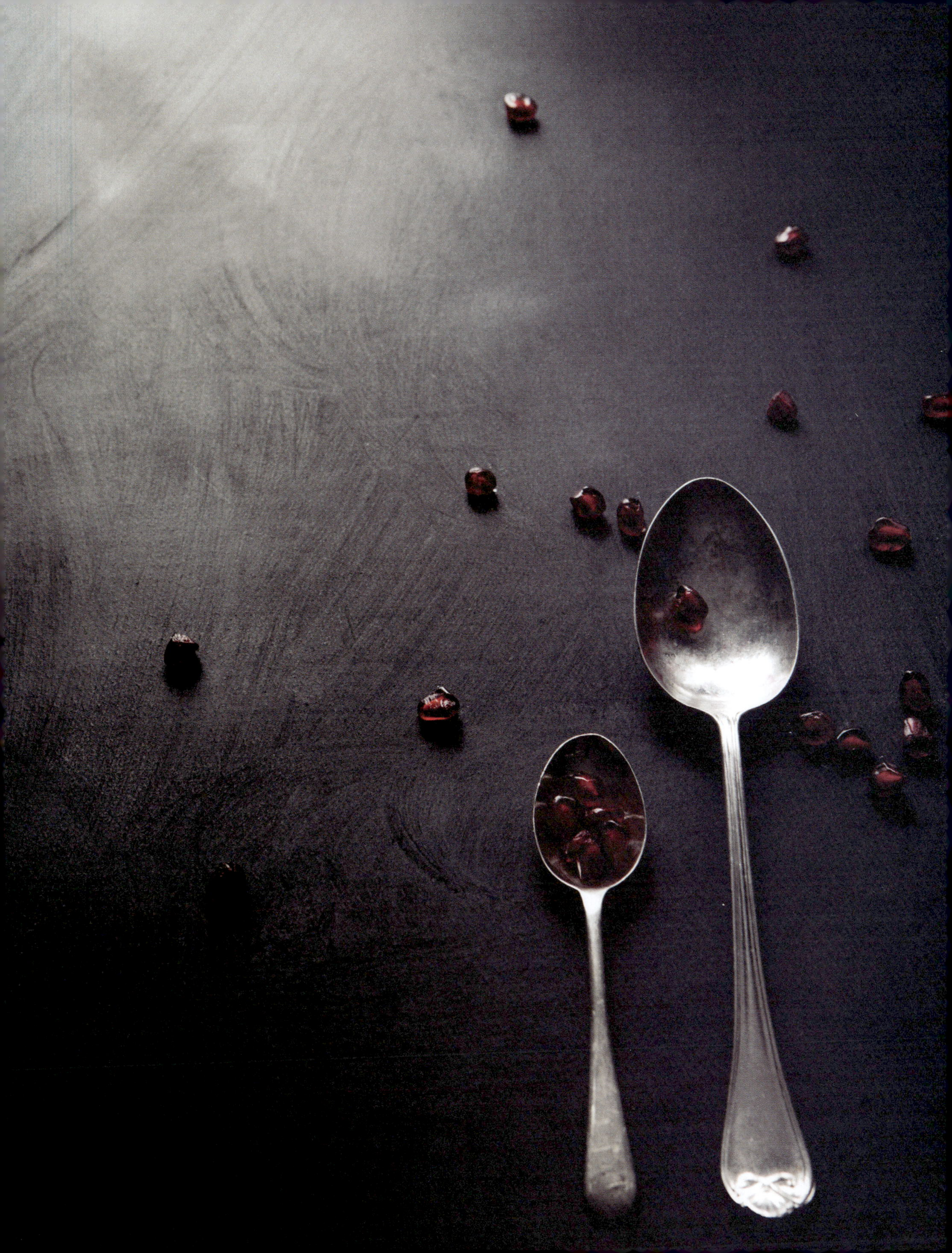

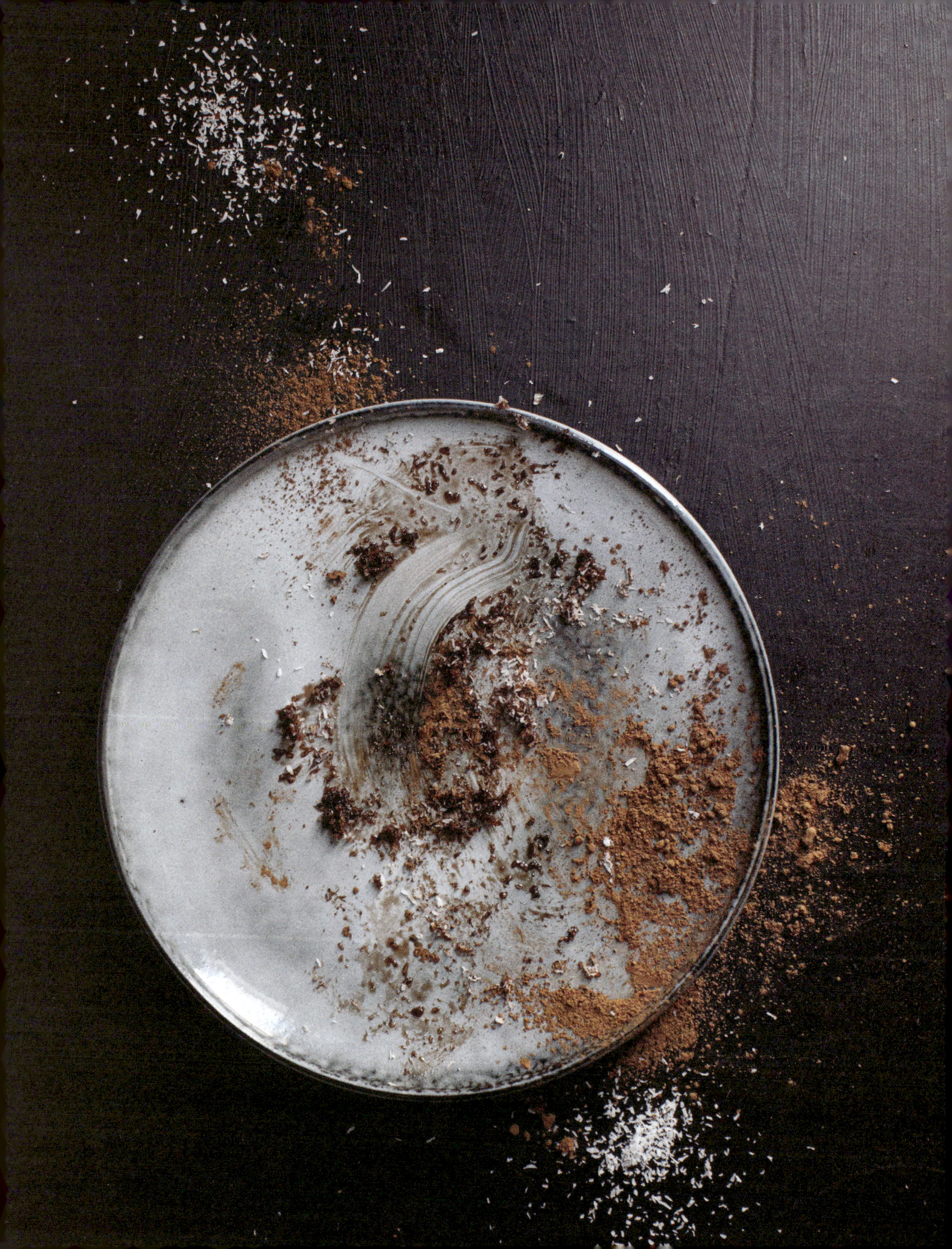

Indeling

♥

Ouma se plaaskombuis, bl. 10

Ouma se wenke vir bak, bl. 52

Plaasvervangers en Ekwivalente, bl. 55

Mamma se dorpshuis, bl. 82

Kruie en Speserye, bl. 122

Grootmaathoeveelhede, bl. 170

Sussie se flat, bl. 194

Kosjuwele, bl. 249

Inhoud en Simbole, bl. 251

Ouma se plaaskombuis

Trouvrou
is vir die moderne vrou met 'n nostalgiese hart
wat hunker na vervloë dae -
'n vrou wat ewe tuis agter die kospotte
as haar skootrekenaar is.

Sy koester die onthoutye van die plaas
waar die kraai van die haan haar wekker is,
die reuk van krummelpap haar wakker kielie,
die fluit van die koffiepot haar nader roep
met die trommel beskuit wat staan en wag.

Sy het raakvathande wat koeksisters vleg;
fyn hekeltafeldoeke sagkens dek.
Teen sonsak drink sy 'n koppie tee uit duursame porselein,
terwyl die draadloos in die agtergrond blêr...

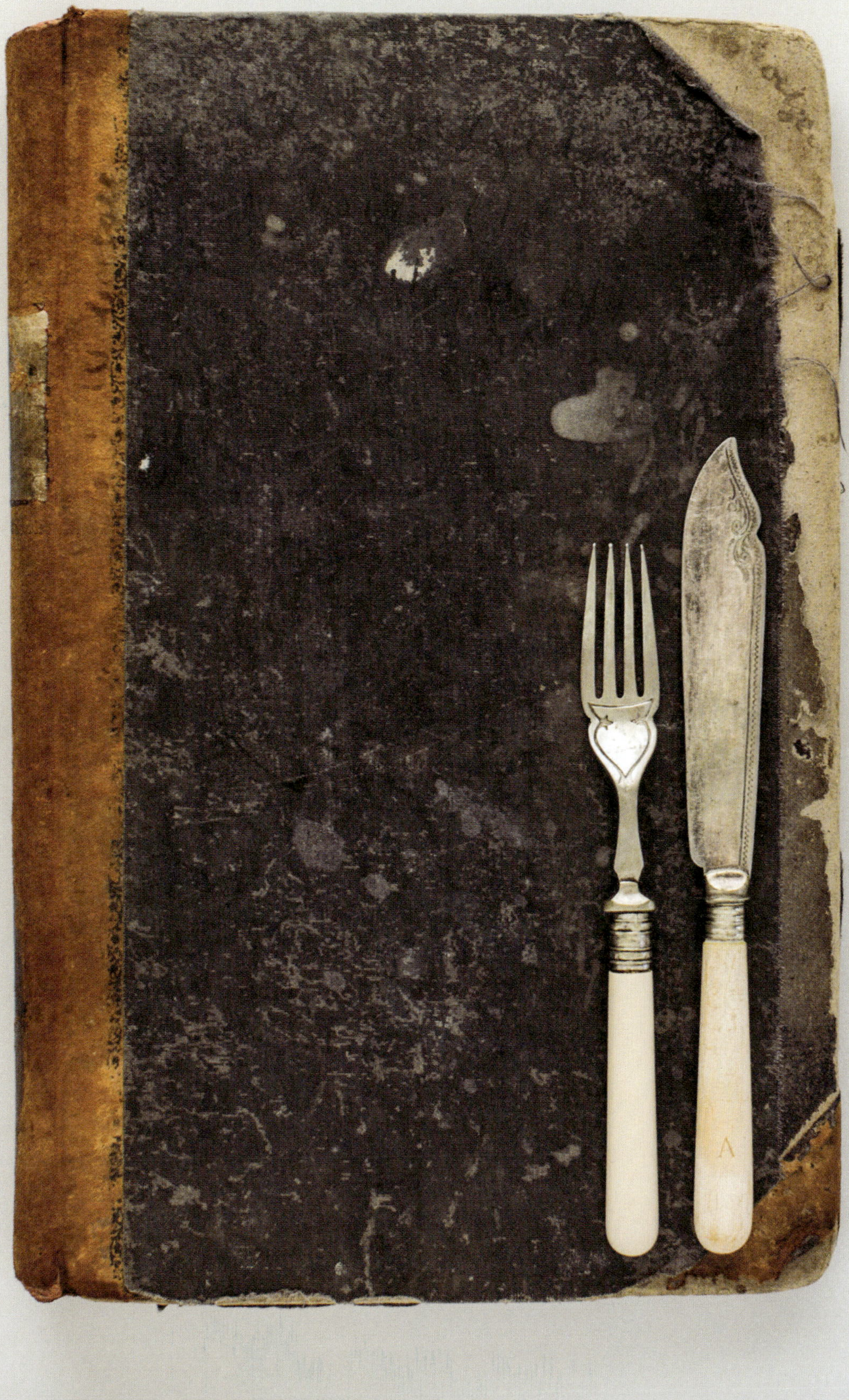

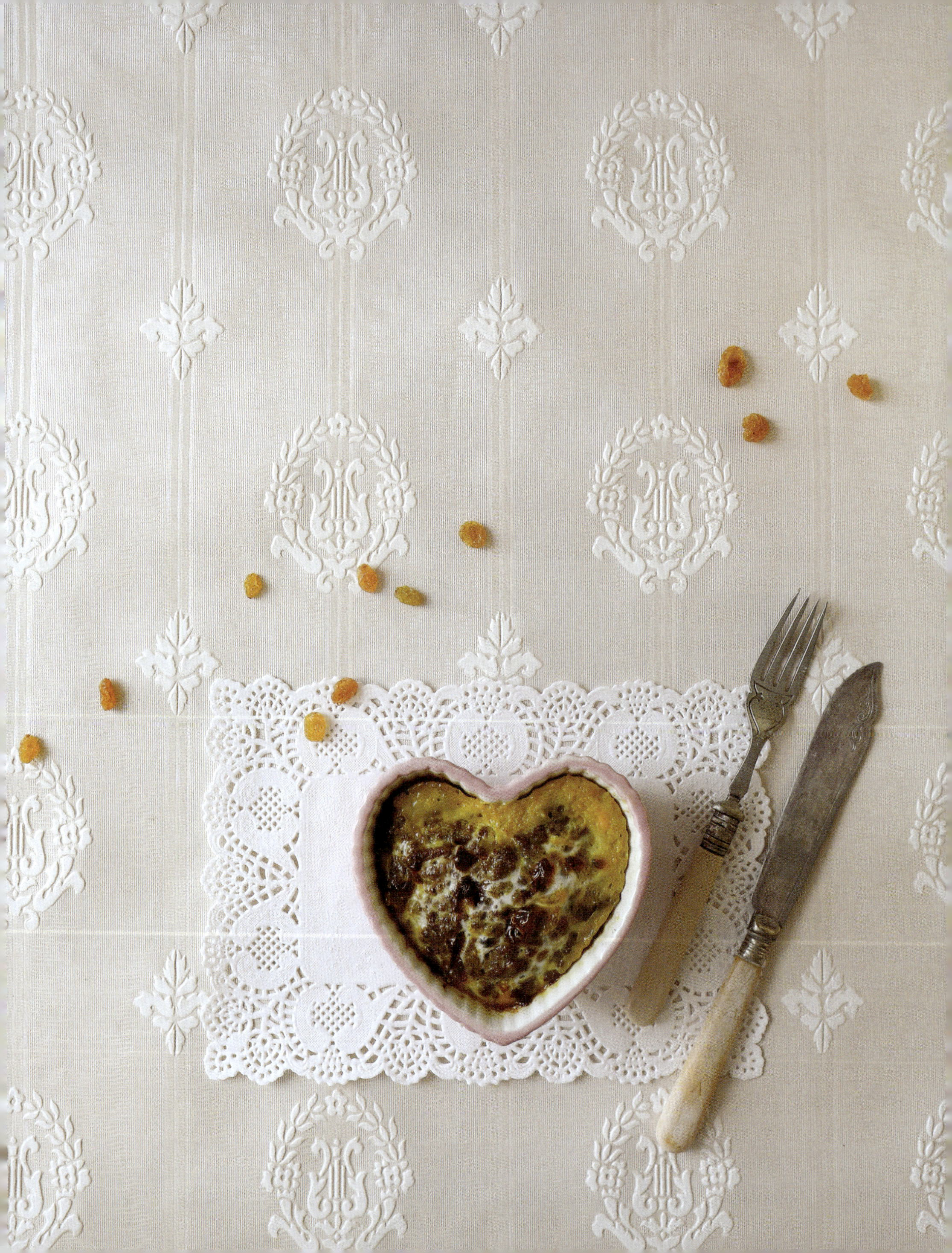

Bobotie

8   25 min.   45 min.

15 ml	kerriepoeier (Rajah), mediumsterkte
30 ml	gemmerpoeier
30 ml	bruinsuiker
15 ml	borrie
10 ml	sout
5 ml	peper
100 g	pitlose rosyne
30 ml	appelkooskonfyt
30 ml	asyn
60 ml	blatjang
30 ml	worcestersous
30 ml	tamatiepasta
3	uie, middelslag
1 kg	maalvleis
2	snye brood
2	eiers
250 ml	melk

1. Voorverhit die oond tot 180 °C.
2. Gebruik 'n swaarboomkastrol; laat dit warm word.
3. Week snye brood eenkant in 'n bietjie water, net tot nat.
4. Plaas die kerriepoeier, gemmerpoeier, bruinsuiker, borrie, sout en peper in die kastrol en roer, terwyl jy dit baie goed verhit.
5. Sit 'n stukkie botter in en smoor die uie wat taamlik grof gekap is, daarin.
6. Verwyder van hitte en voeg rosyne, appelkooskonfyt, asyn, blatjang, worcestersous en tamatiepasta daarby.
7. Voeg die vleis en brood by.
8. Kook op stadige hitte vir sowat 20 minute.
9. Plaas in 'n gesmeerde oondskottel.
10. Klits eiers en melk saam en gooi oor die vleis.
11. Bak 45 minute.

Geroosterde Skaapboud

8 | 15 min. | 9 ure | Madeleine Rootman

1,8 kg	Skaapboud, gevries
60 ml	witasyn
60 ml	sonneblomolie of olyfolie

1. Stel die oond op 100 °C.
2. Neem hardgevriesde boud en plaas in 'n oondskottel.
3. Meng die olie en asyn en smeer die boud daarmee. (Die hoeveelheid olie en asyn kan verskil afhangende van die grootte van die boud.)
4. Plaas onbedek in die oond vir 9-10 ure of oornag. (Gaarmaaktyd is korter vir 'n kleiner boud.)
5. Sny vleis van die been af.
6. Gooi sout en peper oor na smaak.

Variasie: Plaas in prutpot. Gooi een bottel Griekse of Italiaanse slaaisous oor en maak die boud op lae hitte vir 8 ure gaar.

Wenk

Tiemie of roosmaryn kan later in die proses vir ekstra geur bygevoeg word.

Vermy sout en peper tot voor opdiening om vog te behou.

Beesstert

🍴 6   🕐 20 min.   🎛 3 ure

125 ml	olie
2	uie, gekap
125 ml	koekmeel
1,5-2 kg	beesstert
250 ml	beesvleisaftreksel
250 ml	rooiwyn
10 ml	sout
10 ml	suiker
5 ml	Italiaanse kruie
10 ml	gerookte paprika
2	lourierblare
25 ml	tamatiepasta

1. Verhit van die olie in 'n braaipan en braai uie tot sag en deurskynend.
2. Skep met 'n gaatjieslepel uit en hou eenkant.
3. Skep meel in 'n plastieksakkie en skud 'n paar stukkies beesstert op 'n keer hierin.
4. Verwyder die stukkies vleis en skud oortollige meel af.
5. Bedek so al die vleis met die meel.
6. Braai vleis, 'n paar stukkies op 'n keer, bruin in dieselfde pan waarin die uie gebraai is. Voeg olie by soos benodig.
7. Skep die vleis by die uie en meng.
8. Meng die res van die bestanddele en skep oor die beesstert.
9. Bedek en bak 3 ure in voorverhitte oond teen 160 °C.
10. Indien nodig, kan 250 ml beesvleisaftreksel ekstra bygevoeg word.
11. Die vleis moet sag gekook wees.
12. Sit voor met kapokaartappel of rys.

> **Wenk**
> Vir murgsag beesstert, plaas eerder vir 8 ure in die prutpot (*slow cooker*) op lae hitte.

Herderspastei

🍴 8   🕐 30 min.   🔥 15 min.

45 ml	olie	1.	Verhit die oond tot 180 °C.
1	ui, middelslag, gekap	2.	Verhit olie in 'n pan en braai die uie, knoffel en bevrore groente saam tot sag.
1	knoffelhuisie, gekap	3.	Voeg maalvleis by en braai dit tot los en gaar.
250 ml	bevrore groente (*mix vegetables*)	4.	Gooi die beesvleisaftreksel, kruie en worcestersous by. Geur met sout en swartpeper.
1 kg	maalvleis	5.	Laat prut vir 10 minute.
250 ml	beesvleisaftreksel	6.	Meng die Bisto met water tot 'n gladde pasta.
5 ml	Italiaanse kruie	7.	Voeg by die vleis en kook tot verdik.
15 ml	worcestersous	8.	Gooi mengsel in 'n oondbak (30x20 cm).
45 ml	Bisto	9.	Smeer die blatjang oor die vleis.
100 ml	water		
60 ml	blatjang		
	Sout en varsgemaalde swartpeper		

Kapokaartappels:

8	aartappels, middelslag	1.	Skil aartappels en plaas in 'n kastrol, bedek met koue water en plaas op stoofplaat.
180 ml	warm melk	2.	Bring water tot kookpunt en kook aartappels tot sag.
130 ml	margarien	3.	Dreineer in vergiettes.
	Sout en varsgemaalde swartpeper	4.	Plaas een aartappel op 'n slag in aartappeldrukker en druk fyn in bak. Die aartappels moet nog baie warm wees wanneer dit fyngedruk word.
		5.	Voeg botter en warm melk by en meng goed met 'n vurk.
		6.	Geur met sout en peper.
		7.	Skep die kapokaartappels bo-op die vleis en maak 'n growwe oppervlak met 'n vurk.
		8.	Rooster in oond totdat die aartappelpuntjies ligbruin is.

Wildspastei

12 | 24 uur | 20 min. | Oond: 45 min. Stoof: 3-4 ure.

2 kg	wildsblad of wildsboud
500 ml	karringmelk
250 g	spek, gekap
30 ml	botter
1	ui, groot, gekap
3	knoffelhuisies, groot, gekneus
500 g	skaapskenkels
50 ml	koekmeel
5 ml	sout
1	ui, heel, geskil
5	naeltjies, in heel ui gedruk
2	lourierblare
10 ml	fyn koljander
500 ml	aftreksel
250 ml	rooiwyn
400 g	skilferdeeg
1	eier, geklits
	Varsgemaalde swartpeper

1. Marineer die wildsvleis in karringmelk. Bedek vleis met kleefplastiek en plaas vir een dag in die yskas.
2. Druk vleis droog. Karringmelk word uitgegooi en nie verder gebruik nie.
3. Sny wildsvleis in blokkies van 25x25 mm.
4. Braai spek in verhitte botter, skep uit en hou eenkant.
5. Braai gekapte ui in dieselfde kastrol tot sag en deurskynend; roerbraai knoffel by.
6. Voeg spek by.
7. Voeg 'n bietjie olie by en braai lamskenkels in dieselfde kastrol tot goudbruin.
8. Rol wildsvleis in meel en braai 'n paar stukkies op 'n keer tot goudbruin.
9. Voeg lamskenkels, spek, knoffel en uie by wildsvleis in kastrol.
10. Geur met sout, asook varsgemaalde swartpeper en voeg die heel ui met naeljies by. Voeg ook lourierblare en koljander, gevolg deur verhitte aftreksel en rooiwyn, by.
11. Verhit tot kookpunt, verlaag dan temperatuur en bedek met styfpassende deksel. Prut vir 3-4 uur of tot die vleis sag is en van die bene afval. Vul vloeistof aan, indien nodig, met aftreksel of rooiwyn.
12. Laat afkoel en verwyder bene en heel ui. Vlok die vleis.
13. Prut tot sous lekker dik is en die meeste van die vloeistof afgekook het. Geur en laat afkoel tot koud.
14. Voorverhit oond tot 230 °C.
15. Skep vleis in 'n pastei-bak (32x25 cm). Bedek met 'n laag skilferdeeg en versier met deegrepies of -motiewe.
16. Prik die deeg met 'n vurk om stoom te laat ontsnap.
17. Verf die deeg met geklitste eier en bak vir 15 minute.
18. Verlaag temperatuur tot 180 °C en bak vir nog 30-35 minute.

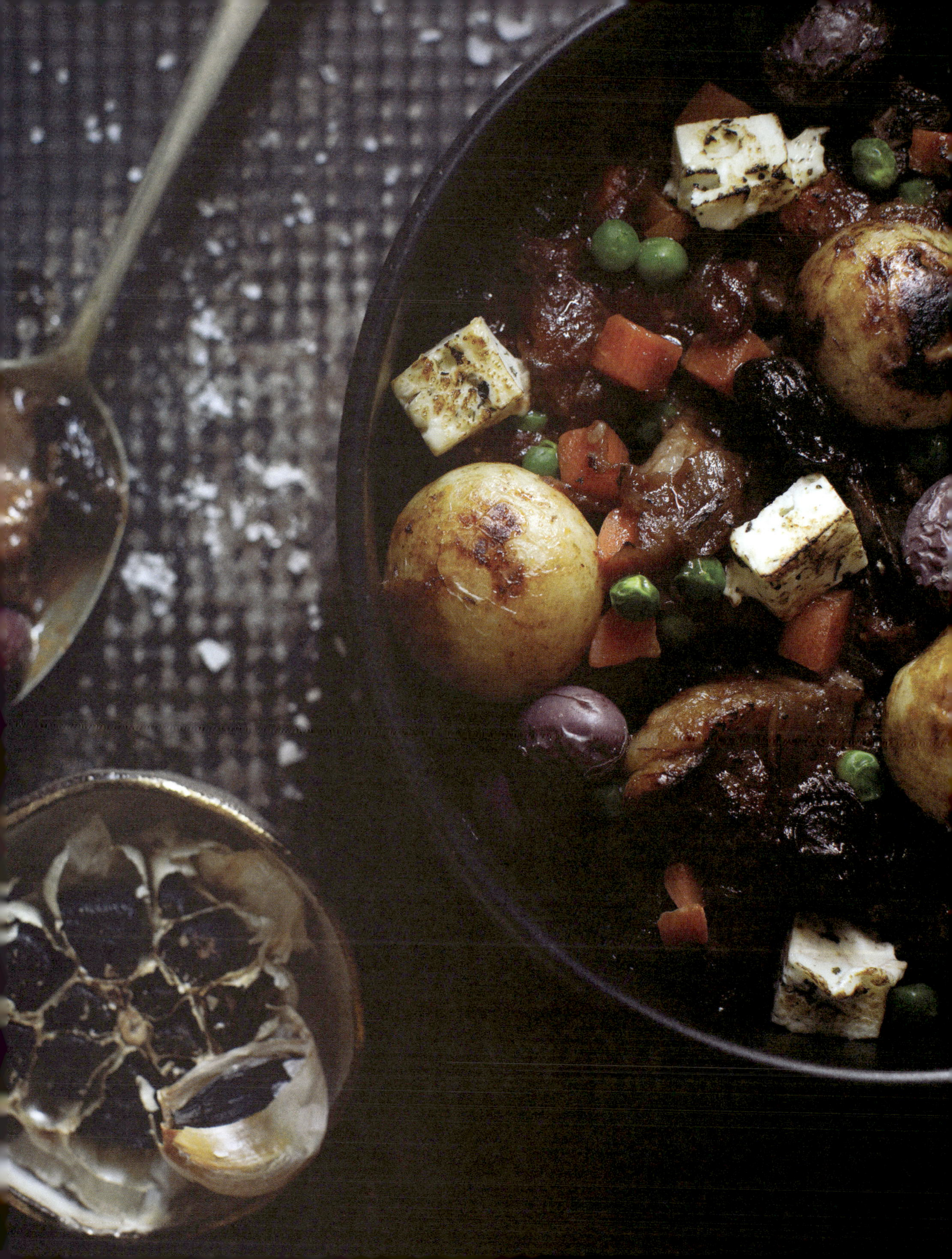

Beesvleisbredie

6   35 min.   2 ure

1,5 kg	stowebeesvleis, in blokkies gesny
5 ml	suiker
30 ml	sojasous
30 ml	sonneblomolie
2	uie, grofgekap
4	knoffelhuisies, fyngedruk
2 blikkies	tamaties, geskil en gekap
15 ml	tamatiepasta
250 ml	rooiwyn
60 ml	Bisto
60 ml	korente
250 ml	wortelblokkies
8	baba-aartappeltjies
250 ml	bevrore ertjies
125 ml	fetakaasblokkies
12	swart olywe
	Sout en peper na smaak

1. Besprinkel die beesvleis met suiker en sojasous en laat vir 20 minute by kamertemperatuur staan, terwyl die uie en ander groente voorberei word.

2. Braai die vleis vinnig in warm olie om dit te seël. Skep dit met 'n gaatjieslepel uit.

3. Braai die uie en knoffel in dieselfde kastrol tot sag. Roer die tamaties, tamatiepasta en die rooiwyn by en geur met sout en peper.

4. Maak die Bisto aan met 'n bietjie water en roer by.

5. Skep die vleis terug in die sous en prut oor lae hitte tot sag. Dit neem ongeveer 2 ure.

6. Voeg korente by.

   Opsioneel: op hierdie stadium, kan die bredie afkoel, gevries word en later voltooi of 'n dag of twee in die yskas gehou word.

7. Voeg die aartappeltjies en wortelblokkies by die bredie en prut totdat die groente sag is.

8. Voeg die ertjies by.

9. Garneer met fetakaas en olywe.

10. Plaas die bredie onder 'n warm rooster totdat die kaas ligbruin verkleur.

11. Sit voor met rys en lekker slaai.

Oondgebraaide Hoender

4-6   15 min.   2 ure

1 heel hoender
½ suurlemoen
4 aartappels, in stukke gesny
1 ui, rofweg gekap
Olyfolie
Sout en peper
Suurlemoen-en-knoffelspeserye

1. Druk die hoender met kombuispapier droog, vryf goed met olyfolie in en geur met sout, peper en speserye binne in die maagholte en buite-om.
2. Plaas die suurlemoen in die maagholte en bind die beentjies met tou vas sodat die hoender sy vorm behou.
3. Plaas aartappels en ui in 'n oondbak, drup olie oor en geur met sout en peper.
4. Plaas hoender saam met aartappels in die oondbak en oondbraai 15 minute op 200 °C.
5. Verlaag die hitte na 160 °C en oondbraai vir nog 1-1¼ uur of tot die velletjie goudbruin en lekker bros en die hoender gaar is.
6. Sit voor saam met die aartappels en 'n groenslaai, indien verkies.

Wenk

'n Maklike manier om ekstra geur aan hoender te gee, is om geurige bestanddele onder die vel in te druk. Knoffel, botter, suurlemoen, feta en kruie werk baie goed. Geur ook gerus die botter met knoffel, koljander, lemmetjie of rissie. Die geure sal in die hoender intrek en die vleis sal lekker sappig word.

NB: Gebruik katoentou vir kombuisgebruik om die bene mee vas te maak.

Glanspatats

6   15 min.   30 min.

6	patats, middelslag
30 g	botter
25 ml	bruinsuiker of gouestroop
50 ml	water

1. Kook die patats totdat hul sag, maar nog stewig, is.
2. Sny middeldeur en plaas in bakskottel.
3. Stip met die botter, strooi die suiker oor en voeg die water by.
4. Bak vir 30 minute bruin in 'n warm oond teen 200 °C.
5. Skep gereeld van die stroop oor.

Kerrieboontjies

12 bottels, 290 ml elk   30 min.   10 min.

1 kg	groenboontjies, gekerf
500 g	uie
500 ml	water
10 ml	sout
250 ml	bruinasyn
15 ml	koekmeel
10 ml	kerriepoeier (Rajah), mediumsterkte
250 ml	suiker

1. Sny die bone en kap die uie.
2. Kook die bone, uie, water en sout vir 10 minute saam.
3. Meng die asyn, meel, kerriepoeier en suiker saam en voeg by die boontjies.
4. Kook tot die boontjies sag is.
5. Bedien warm of koud of bottel vir later gebruik.

Wenk
Om warm te bottel, skep kokend in die gesteriliseerde bottels en laat afkoel. Sit dan die deksels op.

Geelrosyntjierys

4-6   5 min.   15 min.

250 ml	rys, ongekook
5 ml	sout
2 ml	borrie
1 ℓ	kookwater
125 ml	pitlose rosyntjies
	Kaneelsuiker
	Klontjies botter/ margarien

1. Kook die rys, sout en borrie 15 minute in die kookwater.
2. Voeg die rosyntjies by en kook dit 'n verdere 5 minute of totdat die rys sag is, maar nie pap nie.
3. Dreineer rys in 'n vergiettes.
4. Krap die helfte van die rys in 'n opdienbak met deksel.
5. Strooi kaneelsuiker oor.
6. Krap die oorblywende rys bo-oor en strooi weer kaneelsuiker oor.
7. Stip dit met klontjies botter/ margarien.
8. Sit die deksel op en laat die rys 'n rukkie staan.

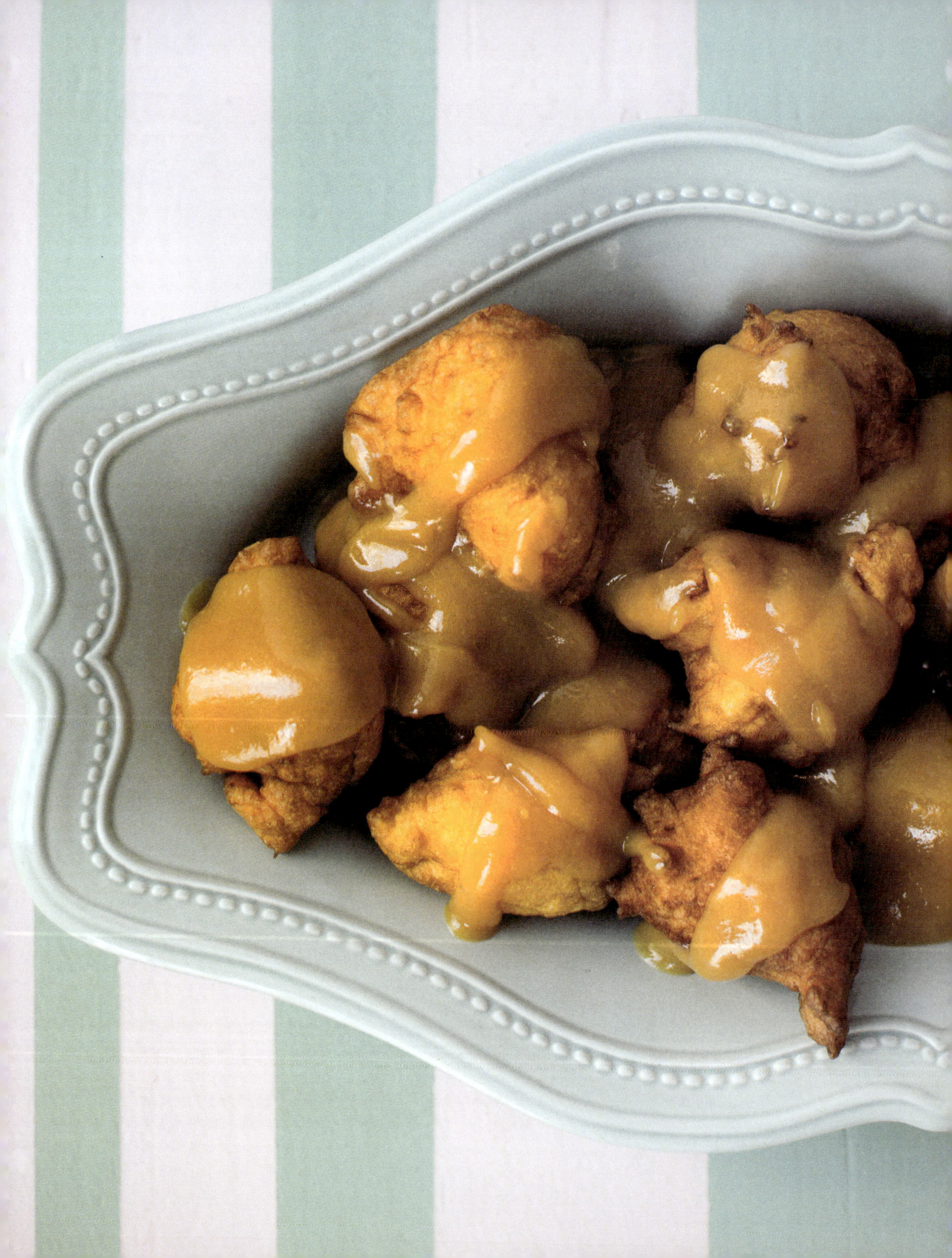

Pampoenpoffertjies

8 | 30 min. | 15 min.

250 ml	pampoen, fyn en gaar	
250 ml	koekmeel	
2 ml	sout	
10 ml	bakpoeier	
30 ml	suiker	
1	eier	
60 ml	melk	

1. Kook die pampoen gaar en druk fyn.
2. Sif droë bestanddele saam.
3. Klop eier goed, voeg melk by.
4. Roer in meelmengsel in.
5. Voeg pampoen by en meng.
6. Drup lepelsvol in warm olie en braai tot goudbruin en bros – sowat 5 minute.
7. Dreineer op kombuispapier.
8. Rol warm poffers in kaneelsuiker, plaas in opdienbak en gooi karamelstroop oor.

Variasie: Vervang pampoen met patats.

Karamelstroop:

125 ml	suiker
60 ml	botter
125 ml	gouestroop
250 ml	melk of room
20 ml	vlapoeier
5 ml	vanieljegeursel
	'n Knippie sout

1. Gebruik 'n bietjie van die melk om die vlapoeier te meng.
2. Meng al die stroopbestanddele, kook vir 5 minute op die stoof en gooi oor die gaar poffertjies.
3. Poffertjies kan so souserig gevries word.

Wenk
Om poffertjies wat 'n ronder bolletjievorm het, te maak, gebruik dieper olie sodat die poffertjies in die olie kan dryf. Vlak olie laat dit meer soos plaatkoekies lyk.

Aartappelkoekies

4   15 min.   15 min.

   3   aartappels, middelslag
15 ml koekmeel
   1   eier, geklits
 5 ml sout
  1 k kaas, gerasper

1. Skrop, skil en rasper die aartappels en meng met die ander bestanddele.
2. Verhit 'n klein bietjie olie in 'n pan en braai lepelsvol van die mengsel totdat die koekies aan albei kante ligbruin is.

Mosterd

400 ml   15 min.   60 min.

200 g	suiker
3	eiers
100 ml	witasyn
50 ml	mosterdpoeier
	Sout na smaak

1. Voeg in die gegewe volgorde al die bestanddele saam in 'n bak en klits goed tot glad.
2. Verhit dit in 'n dubbelkastrol totdat die sous dik is. Roer af en toe totdat skuim bo-op begin verdwyn totdat die sous die regte dikte is (omtrent soos loperige blatjang).
3. Laat dit afkoel.

Béchamelsous

250 ml sous | 15 min. | 10 min.

Dun Béchamelsous:

250 ml	melk
1 skyfie	ui
1 ml	sout
6	peperkorrels
1	lourierblaar
12,5 ml	botter
12,5 ml	koekmeel

Medium Béchamelsous:

250 ml	melk
1 skyfie	ui
1 ml	sout
6	peperkorrels
1	lourierblaar
25 ml	botter
25 ml	koekmeel

Dik Béchamelsous:

250 ml	melk
1 skyfie	ui
1 ml	sout
6	peperkorrels
1	lourierblaar
37,5 ml	botter
37,5 ml	koekmeel

1. Verhit die melk, ui, sout, peperkorrels en lourierblaar. Prut vir 'n paar minute.
2. Smelt die botter in 'n aparte kastrol en voeg die meel by.
3. Kook bottermengsel vir 1-2 minute.
4. Dreineer die melk en roer dit by die bottermengsel. (Gooi melk deur 'n sif.)
5. Prut vir 5 minute totdat die sous begin verdik en roer aanhoudend.
6. Bedien die sous warm.

Wenk
Vir 'n vinnige witsous-alternatief, meng 1 pakkie wituiesoppoeier met 500 ml melk en kook tot dik.

Hollandaisesous

250 ml sous   15 min.   10-15 min.

180 g	botter
45 ml	water
3	eiergele
1 ml	sout
1 ml	witpeper
5 ml	suurlemoensap

1. Smelt die botter en skep die skuim wat bo-op vorm af of sny die botter in blokkies.
2. Klits die water, eiergele, sout en witpeper in 'n dikboomkastrol of dubbelkastrol, tot lig van kleur.
3. Plaas oor baie lae hitte en klits tot die mengsel romerig en dik is.
4. Verwyder van hitte en klop die botter baie stadig by. Sodra die sous dikker word, kan die botter vinniger bygevoeg word.
5. Wanneer al die botter bygevoeg is, kan die suurlemoensap bygevoeg word.

Wenk
Indien sous skei, verwyder van hitte en voeg 15 ml kookwater by. Klits baie vinnig.

Boontjiesop

6   oornag   2 ure

500 g	suikerboontjies (*red speckled beans*)
2 ℓ	water
300 g	sopvleis
200 g	spekblokkies
15 ml	sout
2 ml	peper
2	uie, middelslag, in skywe gesny
5 ml	Italiaanse kruie

1. Was die boontjies en week oornag in water.
2. Boontjies verdubbel in volume; maak dus seker daar is genoeg water in die bak.
3. Dreineer en voeg die boontjies saam met die sopvleis in 2 ℓ water.
4. Kook vir 30 minute stadig totdat die boontjies en vleis amper sag is.
5. Voeg 120 g spekblokkies, uie, sout en peper by en kook vir nog 90 minute.
6. Voeg die kruie by.
7. Haal die sopbene uit.
8. Druk fyn met 'n stamper (*masher*).
9. Braai die ander 80 g spekblokkies tot bros en gebruik as garnering.
10. Bedien met brood en botter.

Vetkoek

6   90 min.   20 min.

500 ml	louwarm water
10 ml	suiker
10 ml	droë kitsgis
5 k	koekmeel
10 ml	sout
30 ml	olie

1. Roer suiker by louwarm water in en gooi gis by.
2. Laat rys tot gis bo dryf.
3. Sif meel en sout saam.
4. Voeg olie by gis, meng met meel en knie goed.
5. Laat rys vir 50 minute.
6. Maak vetkoekballetjies, ongeveer 6 cm in deursnee.
7. Plaas in 'n gesmeerde bak.
8. Sit plastiek oor en laat weer vir 20 minute rys.
9. Verhit olie tot warm en braai vetkoeke tot goudbruin.
10. Plaas op kombuispapier om ekstra olie te absorbeer.
11. Sny vetkoeke oop en vul met botter en konfyt.

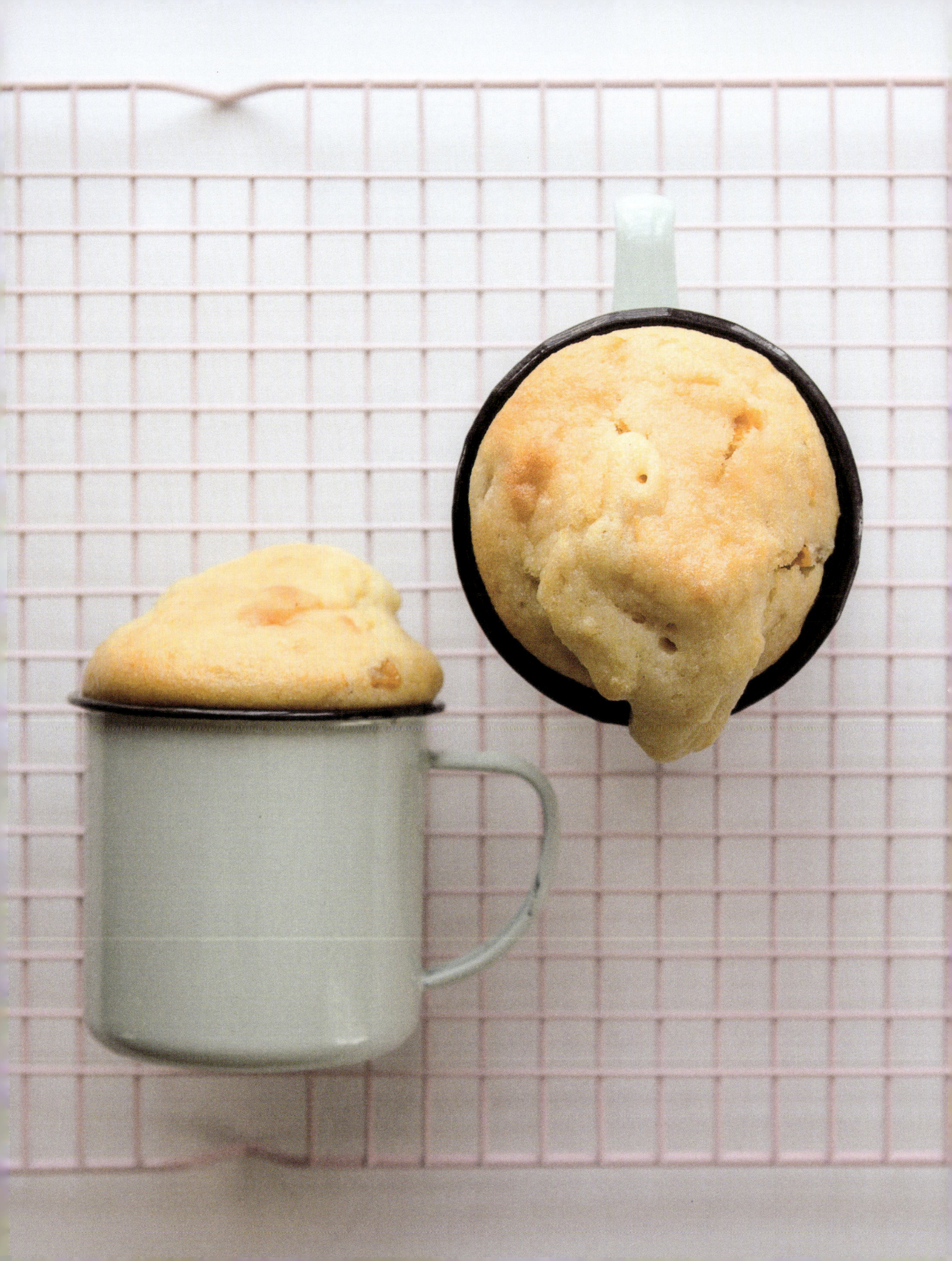

Mieliebrood

6   15 min.   45 min.

3	eiers
80 ml	melk
160 ml	suiker
30 ml	olie
250 ml	mieliemeel
5 ml	bakpoeier
250 ml	koekmeel
5 ml	sout
1 blik	geroomde suikermielies

1. Voorverhit die oond tot 180 °C.
2. Sif die mieliemeel, bakpoeier, meel en sout saam.
3. Klits die eiers, melk, suiker en olie saam.
4. Meng droë bestanddele met die eiermengsel.
5. Gooi die blik suikermielies by.
6. Meng goed en gooi in gesmeerde pannetjie (22x12x5 cm).
7. Bak 45 minute.

Witbrood

6   60 min.   35 min.

1 kg witbroodmeel
15 ml sout
10 ml suiker
10 g droë kitsgis
20 ml botter
625 ml louwarm water

1. Voorverhit oond tot 200 °C.
2. Smeer broodpan (12x30x8 cm) met botter en hou eenkant.
3. Plaas die witbroodmeel, sout, suiker en droë kitsgis in 'n mengbak en meng goed.
4. Vryf die botter by die meelmengsel in.
5. Voeg die louwarm water by die meelmengsel en meng tot 'n sagte deeg. Knie goed en plaas die deeg op 'n meelbestrooide oppervlak. Bedek met kleefplastiek en laat vir 20 minute rus.
6. Knie die deeg af en plaas in die voorbereide pan. Bedek met kleefplastiek en laat vir 35-40 minute in 'n louwarm plek rys.
7. Bestryk die deeg liggies met water en bak vir 35 minute.
8. Verwyder uit die oond en laat afkoel.

Wenk
20 ml botter kan met 20 ml olyfolie vervang word.

Outydse Skilferdeeg

600 g rou deeg | 50 min. | 25 min.

250 g	koekmeel
2 ml	sout
12,5 ml	botter
5 ml	suurlemoensap
150 ml	yswater
250 g	botter

1. Sif die meel en sout saam, vryf die 12,5 ml botter in.
2. Meng die suurlemoensap en yswater saam. Sny dit by die meelmengsel in tot 'n deeg vorm.
3. Knie die deeg vir 2-3 minute op 'n meelbestrooide oppervlak en rol reghoekig uit, 1 cm dik.
4. Plaas die 250 g botter tussen twee velle bakpapier en rol die botter platter. Verwyder die bakpapier.
5. Plaas dan die botter in die middel van die deeg, vou die deeg toe en plaas dit in 'n plastieksakkie in die yskas vir 10-15 minute.
6. Rol die deeg weer reghoekig uit en vou in drie dele, draai die deeg, rol uit, vou in drie dele en plaas die deeg weer vir 15 minute in die plastieksakkie in die yskas.
7. Herhaal die proses nog twee keer en plaas in die yskas tot benodig.
8. Bak die deeg teen 220 °C vir 15 minute en dan teen 190 °C vir 12-15 minute.

> **Wenk**
> Moenie hierdie deeg op 'n baie warm dag maak nie. Die botter moenie te sag wees nie; dit bemoeilik die proses.

Piesangbrood

🍴 6   🕐 15 min.   🔲 60 min.

500 ml	koekmeel
3	eiers
250 ml	suiker
5 ml	bakpoeier
5	ryp piesangs, fyngedruk
62,5 g	botter
5 ml	koeksoda
200 ml	melk
5 ml	vanieljegeursel
	'n Knippie sout

1. Voorverhit die oond tot 180 °C.
2. Smeer 'n broodpan (30x12x5 cm) met olie.
3. Klits botter en suiker saam.
4. Klits eiers een vir een by bottermengsel.
5. Sif meel, sout en bakpoeier saam.
6. Los koeksoda in melk op en voeg by eiermengsel.
7. Voeg meel en dan piesangs en vanieljegeursel by.
8. Gooi in broodpan.
9. Bak vir 60 minute.

Wenk
Vir maklike afmeting is 62,5 g die helfte van 125 g botter.

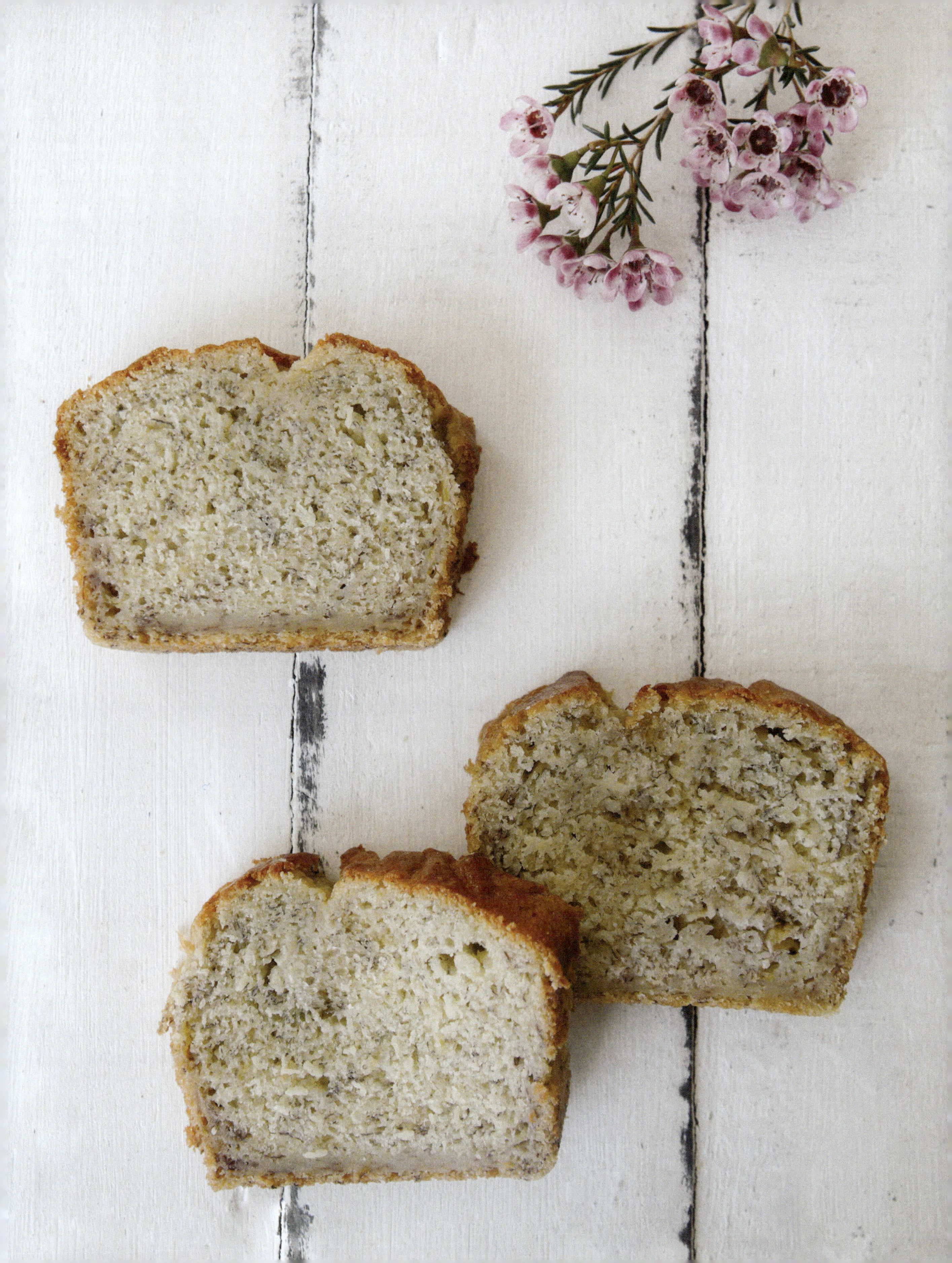

Gesondheidsbeskuit

2 kg | 15 min. | 45 min. Droog oornag uit | Reneé Malan

500 g	margarien of botter
500 ml	suiker
2	eiers
500 ml	karringmelk
1 kg	bruismeel
5 ml	sout
10 ml	bakpoeier
500 ml	All Bran
250 ml	semels
250 ml	klapper
250 ml	hawermout
125 ml	sonneblomsaad
60 ml	sesamsaad
125 ml	lynsaad

1. Druk die All Bran fyn en meet dan af. Rooster die sade indien verkies.
2. Smelt margarien of botter in kastrol.
3. Roer die suiker by en verwyder van die stoofplaat sodra die suiker smelt.
4. Klits die eiers en karringmelk in 'n aparte bak en roer die suikermengsel geleidelik by.
5. Sif bruismeel, sout en bakpoeier apart en meng die ander droë bestanddele daarby.
6. Maak 'n holte in die meelmengsel en roer vloeistofmengsel geleidelik daarby – dis 'n redelike slap deeg.
7. Smeer 'n oondpan (36x27 cm) met margarien.
8. Skep deeg in pan en maak gelyk.
9. Bak ongeveer 45 minute in voorverhitte oond teen 180 °C.
10. Sny in blokke en droog teen 100 °C oornag uit in die oond.

Variasie: Gebruik volgraan bruismeel as jy eerder bruinbeskuit verkies.

Wenk

Indien 'n lou-oond ontbreek, droog in 'n gewone oond teen 100 °C uit. Moenie die oonddeur heeltemal toemaak nie. Sit 'n opgerolde vadoek in om te keer dat die deur toeslaan by 'n oond waarvan die deur nie vanself oopbly nie.

Sit beskuit direk op die oondrak sodat dit van bo en onder hitte vir uitdroging kry.

Karringmelkbeskuit

3,5 kg | 30 min. | 45 min. Droog oornag uit

2	eiers
500 ml	suiker
1 ℓ	karringmelk
5 ml	koeksoda
10 ml	kremetart
2,5 kg	koekmeel
50 ml	bakpoeier
500 g	margarien
5 ml	sout

1. Smeer twee oondpanne (32x23 cm).
2. Klits eiers, suiker en karringmelk saam.
3. Voeg koeksoda en kremetart by.
4. Sif meel en bakpoeier saam en vryf margarien in meel.
5. Voeg sout by en meng tot 'n matige stywe deeg. Voeg nog karringmelk by indien nodig.
6. Knie alles saam tot glad.
7. Vorm die deeg in eiergrootte balletjies en pak styf teen mekaar in die gesmeerde oondpanne.
8. Bak teen 180 °C vir 45 minute.
9. Laat dit heeltemal afkoel.
10. Breek of sny in stukke en droog teen 100 °C oornag uit in die oond.

Wenk
Hierdie resep lewer 'n lekker groot baksel, ideaal vir familievakansies.
Karringmelk kan vervang word met 1 ℓ melk en 60 ml asyn.

Mieliepap

2   5 min.   15-20 min.

Slappap:

4 k   water
1 k   mieliemeel
2 ml   sout

Stywepap:

2 k   water
1 k   mieliemeel
2 ml   sout

Krummelpap:

1 k   water
1 k   mieliemeel
2 ml   sout

1. Laat water in swaarboomkastrol kook.
2. Voeg sout by.
3. Voeg mieliemeel by en roer totdat die mieliemeel heeltemal met die water gemeng is.
4. Die pap moet reeds lyk soos die gaar produk, m.a.w. stywepap het growwe, groot krummels en krummelpap het los, klein krummels.
5. Stoom op laagste hitte vir ongeveer 15-20 minute tot gaar.

Wenke

As krummels te fyn is, gooi ekstra water in en laat dit stoom sodat dit meer soos stywepap kan word.

Onthou: die pap se tekstuur word nie deur die stoom verander nie; dit word slegs gaar. Sodra die meel by die water gegooi is, is dit 'n goeie aanduiding van hoe die pap se tekstuur gaan wees. Dit word gaar, maar nie stywer of slapper nie.

As pap te slap is, gooi nog meel by totdat die krummels wat jy verlang, verkry word.

Die maklikste om pap te roer, is met 'n houtlepel se steel, m.a.w. draai die lepel om. Gebruik 'n vurk vir fyn krummels.

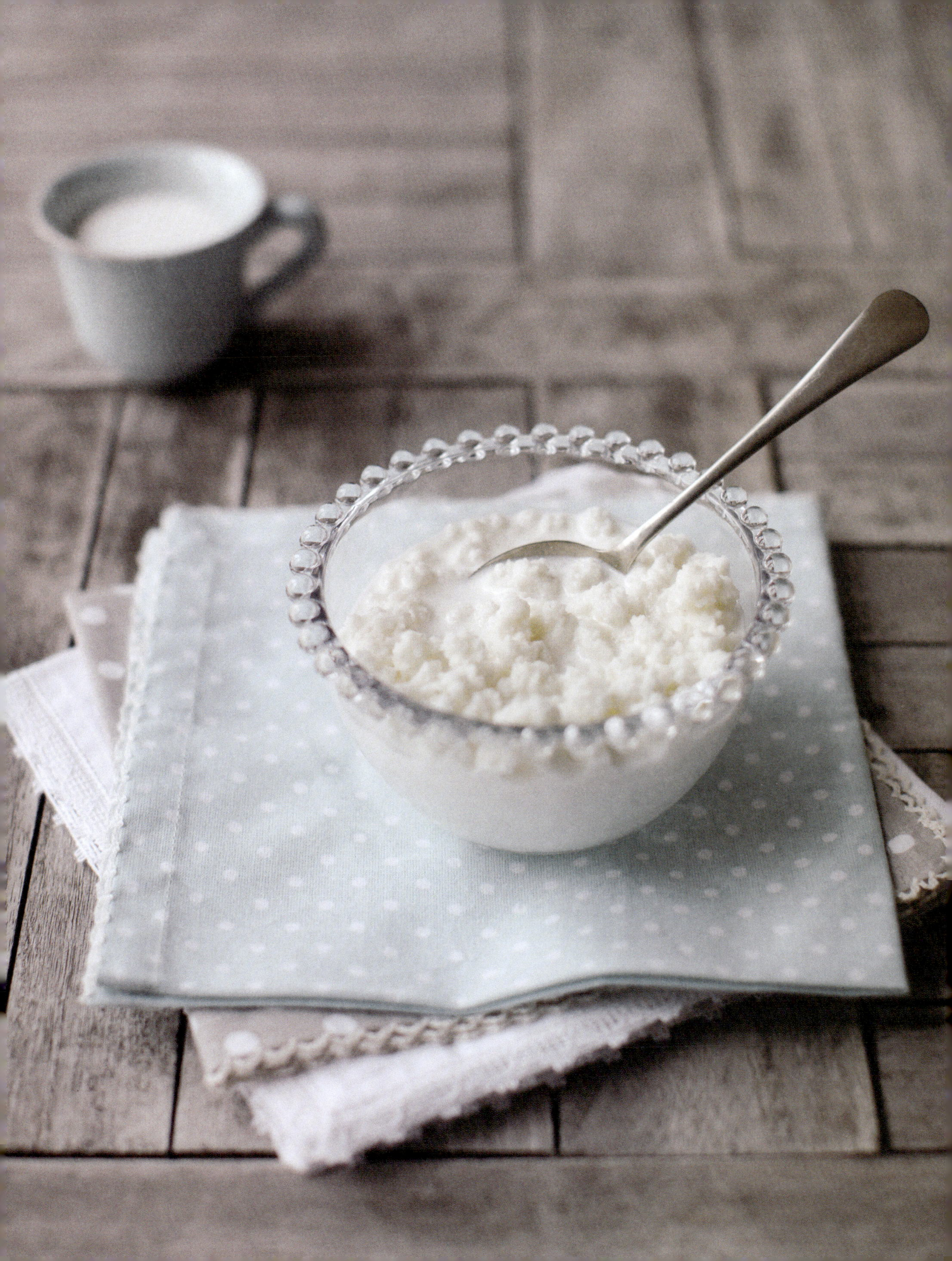

Melkkos

4-6 | 20 min. | 20-25 min. | Ouma Willetjie Coetzee

500 ml	koekmeel
5 ml	sout
2	eiers
1,5 ℓ	melk
5 ml	kaneel
	Botter
	Kaneelsuiker

1. Sif die meel en sout saam.
2. Klits die eiers deeglik met 'n klitser.
3. Maak 'n holte in die deeg en voeg die eiers bietjie vir bietjie by om fyn krummels te maak. Gebruik jou vingerpunte om die deeg te krummel.
4. Verhit die melk waarby die kaneel gevoeg is. Sodra die melk kook, word die krummels geleidelik daarin gefrummel. Roer aanhoudend met 'n draadklitser sodat die krummels nie aan mekaar vasklou nie – werk liggies, om nie 'n pappery in die kastrol te maak nie.
5. Die mengsel moenie 'n gladde sous wees nie, dit moet klonterig wees. As daar egter te groot klonte vorm, gebruik die draadklitser om dit op te breek.
6. Laat vir 20-25 minute stadig op lae hitte kook.
7. Skep in 'n groot sopbord en bedien met kaneelsuiker en 'n klont botter.

ek het vir jou 'n klippie op Mars gaan optel
skuins na 00:00 in die nuwe dekade
die son was nog besig om rondom die aarde
te dans toe my hart my laat opkyk het
na jou wense wat met hulle laaste asems
aan jare se uitgebrande sterre gekleef het
ek het dit probeer memoriseer vir as ek
dalk die voorreg sou kry om dit waar te maak
maar ek het besef wense, drome en hoop
se tyding is wat hulle perfek maak
en om langs jou te kan staan en wag
sal 'n groter voorreg wees as om
dit, ons en jou aan te jaag

— kaalwoorde

Pannekoek

8 | 30 min. | 15 min.

250 ml	koekmeel
5 ml	bakpoeier
2 ml	sout
2	eiers
200 ml	melk
175 ml	water
5 ml	suurlemoensap
125 ml	olie

1. Sif die droë bestanddele saam.
2. Klits die orige bestanddele in 'n aparte bak saam.
3. Maak 'n holte in die droë bestanddele, voeg die vloeistof in die holte en begin dan die droë bestanddele geleidelik van die kante af inroer tot die beslag glad is.
4. Laat die deeg vir 20 minute staan.
5. Verhit 'n swaarboom- of kleefvryepan oor matige hitte. Voeg 'n bietjie olie by sodra die pan warm is. Tilt die pan heen en weer om die bodem te bedek en gooi die oortollige olie in 'n klein bakkie uit.
6. Skep 'n soplepel van die beslag in die pan en tilt dit sodat dit net-net die bodem bedek. Moenie te veel ingooi nie; die pannekoek moet papierdun wees.
7. Wanneer die pannekoek om die rand begin droog raak, draai dit met 'n spatel om en bak tot die ander kant ook goudbruin is. Keer dit op 'n bord uit, bedek dit en herhaal die proses met die beslag.
8. Sprinkel kaneelsuiker oor die pannekoeke, drup 'n bietjie suurlemoensap oor en rol dit op.
9. Jy kan ook die pannekoeke met enige ander sout of soet vulsel van jou keuse geniet.
10. Lewer ongeveer 8 pannekoeke.

Plaatkoekies

12   20 min.   5 min.

500 ml	koekmeel
45 ml	suiker
2 ml	sout
20 ml	bakpoeier
2	eiers
250 ml	melk
125 ml	water
30 ml	kookolie
15 ml	gouestroop

1. Sif die droë bestanddele saam.
2. Klits die eiers, melk, water, olie en gouestroop saam.
3. Voeg die droë bestanddele by en meng tot 'n gladde deeg.
4. Verhit olie in 'n pan.
5. Skep lepelsvol beslag in die warm pan.
6. Sodra lugborrels oopgaan, draai plaatkoekies om en bak vir 30 sekondes aan die ander kant.
7. Bedien met kaas, konfyt en/ of stroop.
8. Lewer ongeveer 24 plaatkoekies.

Malvapoeding

6   20 min.   30 min.

250 ml	strooisuiker	
2	groot eiers	
15 ml	fyn appelkooskonfyt	
185 ml	koekmeel	
5 ml	koeksoda	
30 ml	botter/ margarien	
5 ml	witasyn	
125 ml	melk	
	'n Knippie sout	

Sous:

250 ml	room
125 ml	botter/ margarien
125 ml	suiker
125 ml	water

1. Voorverhit die oond tot 180 °C.
2. Klop die strooisuiker en eiers tot lig en romerig.
3. Klop appelkooskonfyt in.
4. Sif die meel, koeksoda en sout drie keer.
5. Smelt die botter/ margarien oor lae hitte saam met die asyn en melk.
6. Vou die meelmengsel en melkmengsel om die beurt in die eiermengsel in en giet die beslag in 'n gesmeerde, oondvaste bak (20x20 cm).
7. Bak poeding sowat 30 minute teen 180 °C.
8. Plaas al die bestanddele vir die sous in 'n kastrol en roer oor matige hitte tot die botter/ margarien gesmelt en suiker opgelos is. Mengsel moenie kook nie.
9. Verwyder poeding uit die oond, steek vol gate met 'n vurk en giet sous oor.
10. Sit warm of koud met vla of roomys voor.

Souskluitjies

4-6 | 15 min. | 15 min. | Julita Lambrechts

250 ml	bruismeel
45 ml	botter
3	eiers
45 ml	water
250 ml	suiker
10 ml	kaneel
	'n Knippie sout

1. Meng bruismeel en sout en vryf die botter met jou hande in.
2. Klits die eiers en die water saam en voeg by meelmengsel; klits goed.
3. Voeg 3 koppies water in kastrol en verhit tot kookpunt.
4. Skep lepelsvol deeg in en kook vir 10-15 minute.
5. Hou deksel altyd op die kastrol, anders val kluitjies plat.
6. Skep die kluitjies in glasbak.
7. Voeg die suiker en kaneel by die water en kook saam tot sous.
8. Gooi die sous oor die kluitjies en bedien.
9. Dit is die heel lekkerste wanneer kluitjies 'n bietjie gestaan het en nie kokend warm is nie.
10. Vir meer sous, vermeerder die water na 5 koppies.
11. Resep kan verdubbel word soos benodig.

Wenk
Bruismeel kan ook vervang word met 250 ml koekmeel en 10 ml bakpoeier.

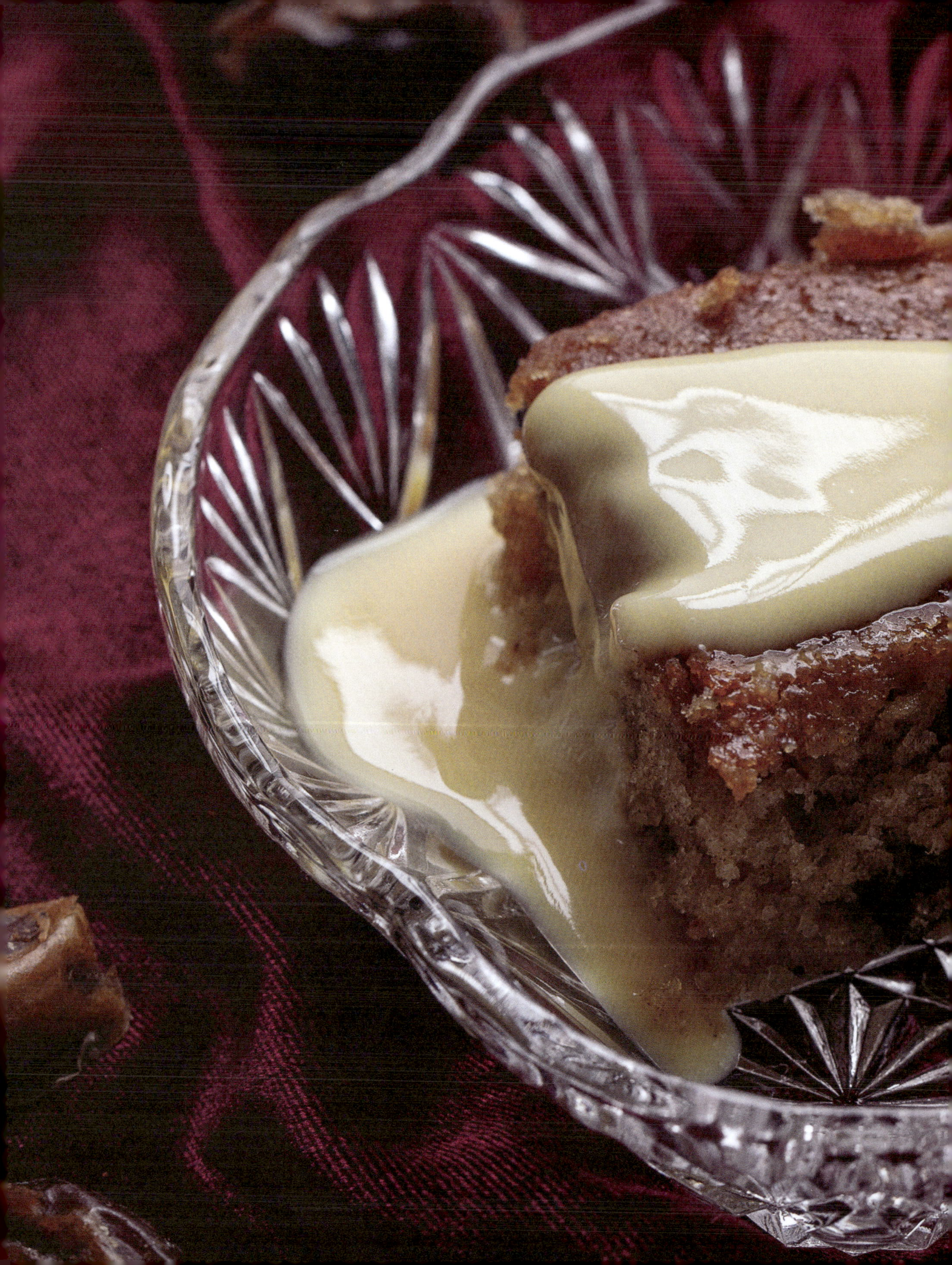

Dadelpoeding

6   20 min.   40 min.   Esmé Starke

125 g	dadels, gesnipper
3 ml	koeksoda
15 ml	koffiepoeier
175 ml	kookwater
75 g	botter
150 ml	strooisuiker
2	eiers, ekstra groot
5 ml	vanieljegeursel
300 ml	koekmeel
10 ml	bakpoeier

Sous:

175 ml	bruinsuiker
100 g	botter
250 ml	vars room
50 g	neute (opsioneel)

1. Meng dadels, koeksoda, koffiepoeier en kookwater en laat afkoel.
2. Klits botter en strooisuiker tot lig en romerig.
3. Klits eiers en vanieljegeursel saam.
4. Sif meel en bakpoeier saam.
5. Meng alles goed saam en bak in 'n oondbak (20x20 cm) vir 30-40 minute teen 180 °C, tot gaar.
6. Meng al die sousbestanddele in 'n kastrol en kook saam.
7. Giet sous oor die warm poeding.
8. Bedien met vla of roomys.

Rolpoeding (Roly Poly)

🍴 6   🕐 30 min.   🔲 60 min.

500 ml	water
200 ml	suiker
1	kaneelstokkie
580 ml	koekmeel
10 ml	bakpoeier
2,5 ml	sout
135 ml	botter
3	eiers, geklits
5 ml	vanieljegeursel
180 ml	appelkooskonfyt
15 ml	melk
	'n Knippie sout

1. Verhit die water, suiker, sout en kaneel saam tot kookpunt, terwyl dit aanhoudend geroer word. Prut vir 'n paar minute oor lae hitte.

2. Sif intussen die meel, bakpoeier en sout saam en vryf die botter in.

3. Klits die eiers en vanieljegeursel deeglik saam. Hou 15 ml van die eiermengsel eenkant en voeg die res by die meelmengsel om 'n taamlike stywe deeg te vorm.

4. Rol die deeg op 'n meelbestrooide oppervlak uit in 'n reghoek van ongeveer 15 mm dik. Moenie die deeg te veel hanteer nie.

5. Smeer die konfyt oor die deeg.

6. Meng die 15 ml eiermengsel met 15 ml melk. Bestryk die een kort sy van die reghoek daarmee. Begin met die kort sy wat nie met eier bestryk is nie en rol die deeg soos 'n rolkoek op, maar nie te styf nie, want die deeg sal rys. Druk die kort sy liggies vas.

7. Verwyder die kaneelstokkie uit die stroop. Bestryk die deegrol se bokant met die eiermengsel en bedek die oondskottel met tinfoelie (dowwe kant na buite).

8. Bak vir 'n halfuur teen 180 °C. Verwyder die foelie en skep van die stroop oor die rol. Bak vir nog 30-35 minute.

Variasie: Smeer fyngekookte, versoete droëvrugte oor die deeg in plaas van konfyt – soos ons voorouers dikwels gemaak het.

Wenk
Blikkies konfyt werk beter; tuisgemaakte konfyt is soms te pap en loop maklik uit.

Sagopoeding

6   80 min.   35 min.

250 ml	sago
1	heel kaneelstok
1 ℓ	melk
125 ml	suiker
1 ml	sout
5 ml	vanieljegeursel
25 ml	botter
4	eiergele, geklits
60 ml	appelkooskonfyt
4	eierwitte
125 ml	strooisuiker

1. Week die sago vir 60 minute in water en dreineer.
2. Voeg die kaneelstok en sago by die melk en verhit stadig.
3. Kook oor lae hitte totdat die sago deurskynend is.
4. Voeg 125 ml suiker, sout, vanieljegeursel en botter by.
5. Meng goed en verwyder die kaneelstok.
6. Voeg die geklitste eiergele by.
7. Skep die mengsel in 'n ronde oondbak (25 cm) en bak vir 20-25 minute teen 180 °C.
8. Smeer die appelkooskonfyt oor die sagomengsel.
9. Klits die eierwitte styf en voeg die 125 ml strooisuiker, lepel vir lepel by.
10. Skep die meringue bo-op die sagopoeding en bak vir 10-15 minute teen 180 °C tot puntjies bruin is.
11. Sit warm of koud voor.

Variasie: Voeg 125 ml klapper by sodra die sago deurskynend is en sprinkel klapper oor die meringue.

Opsioneel: Die vulsel van die sagopoeding kan die vorige dag gemaak word; hou dit dan in die yskas. Sit die meringue die volgende dag bo-op. Bak dan in die oond.

Ouma se wenke vir bak

- Kry alle bestanddele bymekaar voor jy met die metode begin. Maak seker jy het alles.
- Klits bakpoeier so min as moontlik anders word die *rys* uitgeklits.
- Moenie die oond oopmaak voor die helfte van die baktyd verby is nie.
- 'n Sponskoek is gaar wanneer dit terugspring as jy liggies met jou vinger daarop druk en dit loskom van die kante.
- Eiers moet kamertemperatuur wees.
- Voeg altyd die nat bestanddele by die droë bestanddele en nie andersom nie.
- Onthou om altyd eiers een vir een apart in 'n koppie te breek voordat jy dit in 'n mengsel gooi. Dit verhoed dat 'n slegte eier in beslag beland.
- Koekbak is soos chemie: as die formule reg is, sal die eksperiment 'n sukses wees. Meet akkuraat.
- Wanneer meel of suiker in 'n koppie afgemeet word, is dit altyd 'n afgeskraapte hoeveelheid; dieselfde met 'n lepel. Die resep sal duidelik meld indien die lepel opgehoop moet wees.
- Voorverhit die oond. Die oond behoort die baktemperatuur te bereik voor die item in die oond geplaas word.
- Smeer die pan voor dit gebruik word om mee te bak.
- Gis raak onaktief tydens temperature bo 57 °C. Maak dus seker vloeistowwe is louwarm. Indien dit te warm is vir jou vinger, is dit te warm vir die gis.
- Alhoewel kitsgis net so gebruik kan word, toets dit verkieslik eers om seker te maak dat die gis aktief is, anders is al jou moeite verniet. Strooi 'n pakkie gis oor 100 ml warm vloeistof en voeg 2 ml suiker by. Indien gis aktief is, sal dit borrels maak. Gebruik die suiker en warm vloeistof van jou resep.
- Die rede hoekom 'n mens deeg knie, is om die bestanddele te versprei en die gluten-drade te versterk en te ontwikkel. Klewerige deeg raak ook meer elasties en sag terwyl dit geknie word. As dit te klewerig is, hou aan knie tot dit nie meer aan jou hande vasklou nie.
- In die winter kan jy deeg in die oond laat rys. Voorverhit die oond tot 65 °C en sit dadelik af, wag so 'n paar minute en plaas die deeg binne-in die oond, hou die deur effens oop en laat rys.

trouvrou

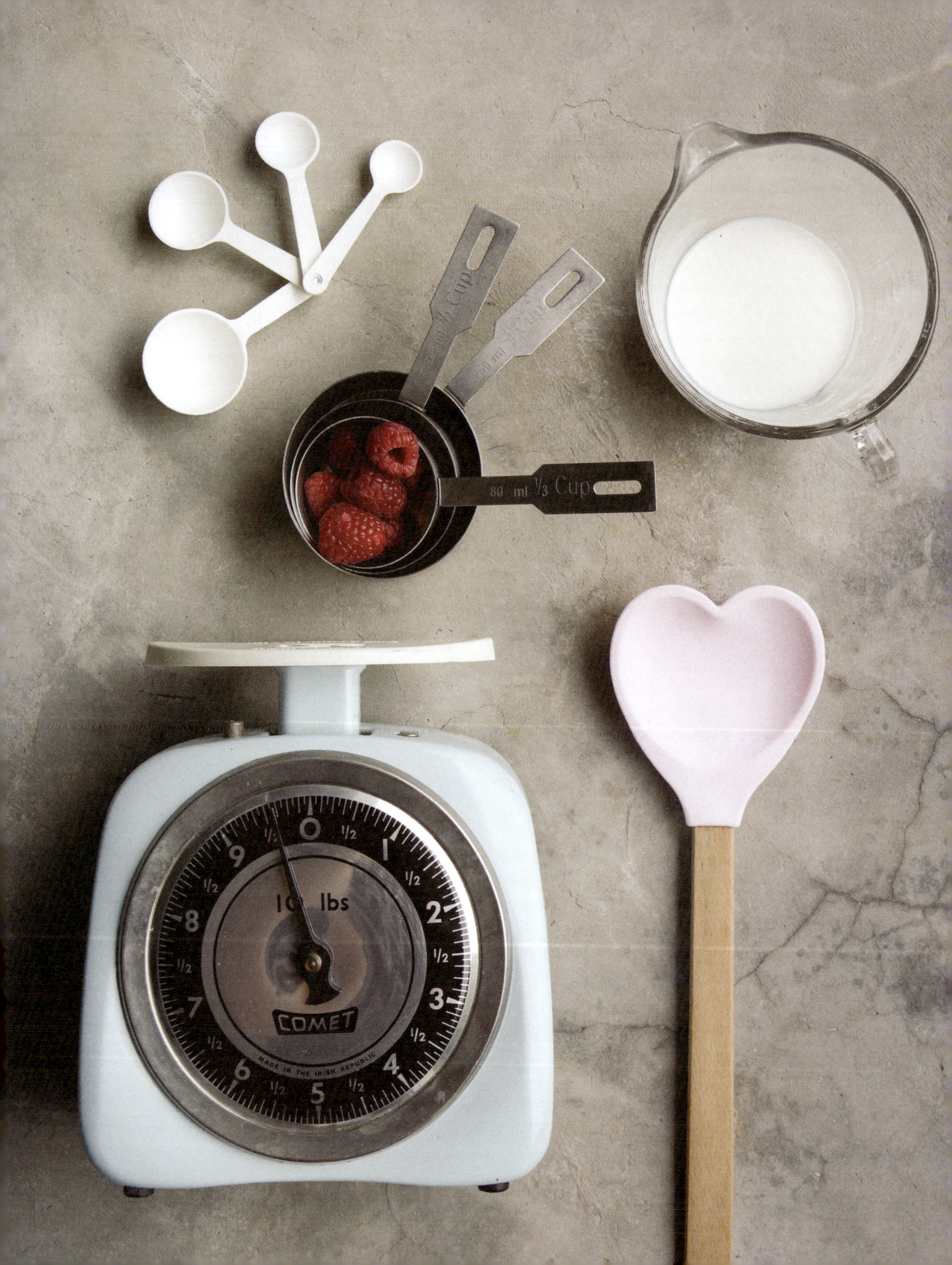
80 ml 1/3 Cup
COMET

Plaasvervangers

5 ml bakpoeier — 1 ml koeksoda + 2,5 ml kremetart
15 ml mielieblom — 30 ml koekmeel (as bindmiddel)
250 ml botter — 220 ml kookolie
250 ml bruismeel — 250 ml koekmeel + 7,5 ml bakpoeier
250 ml melk — 90 ml poeiermelk + 250 ml water
250 ml karringmelk — 250 ml melk + 15 ml witasyn of suurlemoensap

Ekwivalente: Massa & Volume

80 g	klapper	250 ml	1 koppie
100 g	kakao	250 ml	1 koppie
500 g	botter en margarien	500 ml	2 koppies
500 g	bruinsuiker	625 ml	2½ koppies
500 g	koekmeel	1 liter	4 koppies
500 g	mielieblom	750 ml	3 koppies
500 g	mieliemeel	750 ml	3 koppies
500 g	ongesifte koekmeel	1,25 liter	5 koppies
500 g	strooisuiker	625 ml	2½ koppies
500 g	versiersuiker	750 ml	3 koppies
500 g	witsuiker	500 ml	2 koppies

Afkortings

ml = milliliter
g = gram
kg = kilogram

t = teelepel met 'n vloeistofinhoud van 5ml
d = desertlepel met 'n vloeistofinhoud van 10 ml
e = eetlepel met 'n vloeistofinhoud van 15 ml
k = koppie met 'n vloeistofinhoud van 250 ml

Alle mates word altyd gelyk geneem, behalwe waar daar *opgehoop* staan.

Vanielje-sponskoek

12-15 blokkies | 15 min. | 25 min.

4	eiers
375 ml	suiker
500 ml	koekmeel
1 ml	sout
10 ml	bakpoeier
250 ml	melk
60 ml	olie
10 ml	vanieljegeursel

1. Smeer 'n reghoekige koekpan (30x20 cm) of 2 ronde koekpanne (20 cm elk) en voorverhit die oond tot 180 °C.
2. Klits eiers goed tot skuim. Voeg suiker geleidelik by en klits verder.
3. Sif meel en sout saam. Vou dit by die eierbeslag in.
4. Gooi bakpoeier oor beslag.
5. Kook melk en olie saam, voeg by die beslag en roer liggies in.
6. Voeg vanieljegeursel by en meng liggies.
7. Gooi in koekpanne.
8. Bak vir 25 minute.

Variasie: Hierdie resep kan ook vir kolwyntjies gebruik word. Bak ongeveer 20-25 minute teen 180 °C.

Hemelse Versiersel

1 blikkie	kondensmelk
500 g	versiersuiker
5 ml	vanieljegeursel
30 ml	botter
	Kleursel na keuse

Genoeg vir een sponskoek.

Vir 'n heerlike versiersuiker saam met die sponskoek, klits al die bestanddele met 'n elektriese klitser tot sag en romerig.

Sjokoladekoek

12   15 min.   60 min.   Tanya Murray

450 ml	bruismeel
500 ml	suiker
200 ml	kakao
5 ml	koeksoda
250 ml	karringmelk
125 ml	olie
2	eiers, ekstra groot
5 ml	vanieljegeursel
250 ml	sterk koffie
	'n Knippie sout

1. Sif die bruismeel, suiker, kakao, koeksoda en sout saam.
2. Klits die karringmelk, olie, eiers en vanieljegeursel saam.
3. Voeg droë bestanddele by die nat bestanddele en roer deur.
4. Voeg nou die sterk, warm, swart koffie by en vou dit in.
5. Gooi in twee gesmeerde, gevoerde panne (22 cm elk) en bak vir 60 minute teen 140 °C.
6. Die laer temperatuur laat die koek gelyk rys.
7. Keer uit op 'n draadrak en laat afkoel.
8. Sit opmekaar met onderstaande versiersel of karamelkondensmelk.

Variasie: Hierdie resep kan ook vir kolwyntjies gebruik word. Bak ongeveer 15-20 minute teen 180 °C.

Sjokoladeversiersel

250 ml	suiker
45 ml	mielieblom (*Maizena*)
100 ml	kakao
5 ml	koffie
375 ml	water
50 g	botter

1. Meng al die bestanddele in die kastrol vir die versiersel en verhit stadig.
2. Roer aanhoudend totdat die mengsel dik is.
3. Laat 'n bietjie afkoel en smeer tussen die koeklae en bo-op die afgekoelde koek.

Vrugtekoek

12   20 min.   90 min.   Ouma Anna Strauss

500 g	koekvrugte
250 ml	water
250 g	botter
250 ml	suiker
5 ml	koeksoda
125 g	dadels
100 g	rooi glanskersies
3	eiers
30 ml	brandewyn
500 ml	koekmeel
10 ml	bakpoeier
5 ml	gemengde speserye

1. Kook die koekvrugte, water, botter, suiker en koeksoda saam.
2. Sny die dadels en kersies by en laat afkoel.
3. Klits die eiers en brandewyn saam.
4. Sif die meel, bakpoeier en speserye saam.
5. Voeg die meelmengsel en eiermengsel by die vrugte.
6. Meng alles saam en bak in 'n ronde pan (22 cm), uitgevoer met bakpapier vir 90 minute teen 150 °C.
7. Laat dit afkoel in die pan en keer uit.
8. Die koek is lekker net so. Indien verkies, gooi ekstra brandewyn oor en bêre in 'n lugdigte houer.

Papawersaadkoek

12 | 20 min. | 30 min. | Sasha Nel

3	eiers, ekstra groot
375 ml	strooisuiker
125 ml	olie
250 ml	ongegeurde jogurt
80 ml	papawersaad
250 ml	klapper
250 ml	bruismeel

1. Voorverhit oond tot 180 °C.
2. Smeer twee koekpanne (20 cm elk) deeglik met margarien. Ringpan werk ook goed.
3. Verroom eiers en strooisuiker saam tot lig en romerig.
4. Voeg die olie en die jogurt by en klits goed.
5. Voeg papawersaad, klapper en bruismeel by en meng baie goed.
6. Giet die helfte in elke koekpan en bak vir 30-35 minute; die koeklae rys nie baie hoog nie.
7. Keer uit op 'n draadrak en laat afkoel.
8. Vir 'n groter koek maak die beslag twee keer aan.

Versiersel:

200 g	witsjokolade
125 ml	versiersuiker
90 ml	melk of room
45 ml	margarien
5 ml	vanieljegeursel
500 ml	versiersuiker
	Ekstra papawersaad
	Sjokoladekrulle

1. Breek sjokolade in blokkies en verhit die sjokolade, versiersuiker en melk in die mikrogolf teen 70% krag tot gesmelt.
2. Roer kort-kort.
3. Voeg die margarien en vanieljegeursel by en meng goed.
4. Laat 'n bietjie afkoel.
5. Sif die ekstra versiersuiker by en meng goed.
6. Smeer die helfte van die versiersel oor een koeklaag en plaas die ander een bo-op.
7. Smeer die res van die loperige versiersel op die koek.
8. Vir 'n stywer versiersel, kan meer versiersuiker bygevoeg word.
9. Sprinkel papawersaad oor en versier met sjokoladekrulle.

Streusel Apfelkuchen

8-10 | 60 min. | 30 min. | Ouma Hilde Versch

Tertkors:

300 g	koekmeel
10 ml	bakpoeier
130 g	ongesoute botter
130 g	suiker
2	eiers
	'n Knippie sout

Krummelbolaag:

400 g	koekmeel
300 g	suiker
10 ml	kaneel
250 g	ongesoute botter
10 ml	vanieljegeursel
8	Golden Delicious appels

1. Meng al die tertkorsbestanddele in 'n mengbak en knie totdat dit 'n deeg vorm.
2. Druk die deeg op die bodem van 'n 25 cm-tertbak. Deeg moenie te dik wees nie.
3. Skil die appels en sny in wiggies, pak dit in rye bo-op die tertkors totdat die hele bodem vol appels is.
4. Frummel al die bolaagbestanddele met vingers in 'n mengbak saam tot groot, nat krummels wat goed gemeng is. Meel moenie meer sigbaar wees nie.
5. Strooi bo-oor die appels totdat appels nie meer sigbaar is nie.
6. Bak vir 30 minute teen 180 °C.
7. Laat afkoel en sif versiersuiker bo-oor.
8. Bedien met room of roomys.

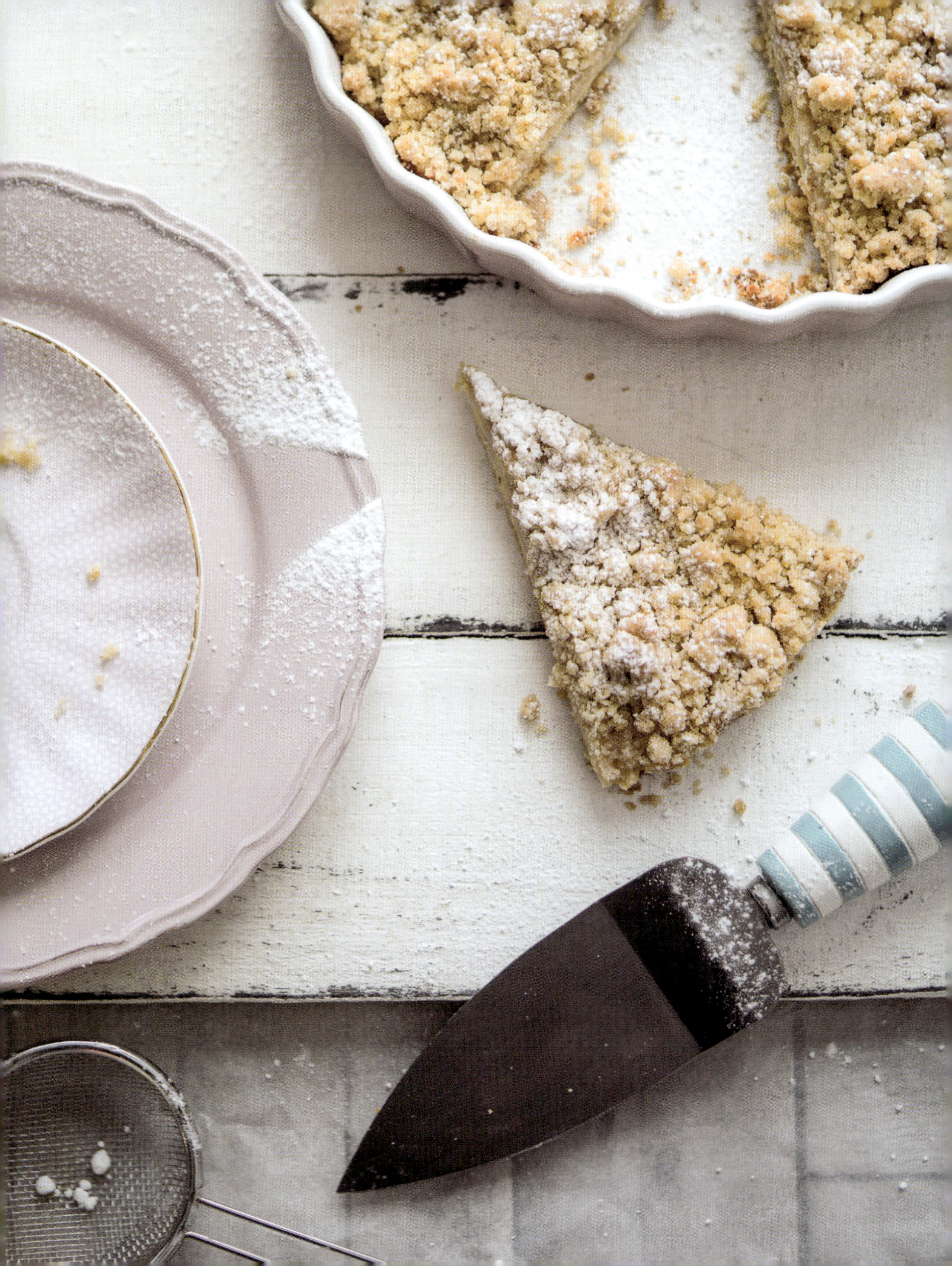

Sjokoladerol

8   30 min.   25 min.

4	eiers, ekstra groot, geskei
30 ml	kakao, vul op met bruismeel sodat dit 250 ml vol maak
45 ml	kraanwater
250 ml	strooisuiker
5 ml	vanieljegeursel
	'n Knippie sout
1 blikkie	karamelkondensmelk

1. Klits geel van eiers met koue water.
2. Klits eierwitte styf in aparte bak.
3. Voeg strooisuiker en styfgeklitste eierwitte by die eiergele.
4. Voeg kakao en bruismeel by.
5. Voeg vanieljegeursel en sout by.
6. Voer 'n rolkoekpan (39x26 cm) met bakpapier uit.
7. Gooi die beslag in die pan en bak dit vir 20-25 minute teen 180 °C tot goudbruin.
8. Sit 'n stuk bakpapier op 'n klam vadoek en sprinkel strooisuiker oor.
9. Haal die koek uit die oond en keer dit dadelik op die papier met die strooisuiker uit. Trek die bakpapier aan die bokant af.
10. Rol op en laat afkoel in klam vadoek.
11. Rol af.
12. Smeer karamelkondensmelk op.
13. Rol die gesmeerde koek weer op.
14. Sif versiersuiker, bo-oor.
15. Sny kante af.

Wenk
Werk baie vinnig wanneer die rol uit die oond kom, anders sal dit kraak of breek wanneer dit gerol word.

Rolkoek

8   30 min.   25 min.

250 ml	koekmeel
5	eiers, ekstra groot, geskei en geklits
5 ml	bakpoeier
250 ml	suiker
	'n Knippie sout
250 ml	appelkooskonfyt

1. Klits geel van eiers en suiker baie goed.
2. Voeg droë bestanddele by.
3. Voeg styfgeklopte eierwitte by.
4. As deeg te styf is, voeg ½ koppie koue water by.
5. Voer 'n rolkoekpan (39x26 cm) met bakpapier uit.
6. Gooi die beslag in die pan en bak dit vir 20-25 minute teen 180 °C tot goudbruin.
7. Sit 'n stuk bakpapier op 'n klam vadoek en sprinkel strooisuiker oor.
8. Haal die koek uit die oond en keer dit dadelik op die papier met die strooisuiker uit. Trek die bakpapier aan die bokant af.
9. Rol op en laat afkoel in 'n klam vadoek.
10. Rol af en sny kant af.
11. Smeer appelkooskonfyt oor en sny kante indien nodig.
12. Rol op.

Gebakte Melktert

10 | 30 min. | 40 min.

Kors:

85 g	versiersuiker, gesif
125 g	botter
1	eier
250 g	koekmeel, gesif
1 pakkie	droë boontjies

1. Room die versiersuiker en botter met elektriese klitser of houtlepel tot roomkleurig.
2. Voeg eier by en meng.
3. Voeg meel by en roer met houtlepel tot gemeng.
4. Bedek met waspapier en plaas in yskas tot gebruik.
5. Rol uit op meelbestrooide oppervlak en plaas in twee gesmeerde tertbakke (23 cm).
6. Prik die kors op die boom liggies met 'n vurk. Plaas bakpapier bo-op deeg en vul met droë boontjies.
7. Blind bak kors vir 5 minute teen 200 °C, verlaag die oondtemperatuur tot 180 °C en bak vir nog 5 minute. Verwyder dan die droë boontjies en bak weer vir nog 5 minute.

Vulsel:

1,5 ℓ	volroommelk
50 g	margarien
5	eiers
5 ml	vanieljegeursel
250 ml	suiker
150 ml	mielieblom (*Maizena*)
125 ml	koekmeel
	'n Knippie sout

1. Klits die eiers en suiker baie goed saam tot liggeel en sponsagtig dik.
2. Voeg die meel, mielieblom, sout en vanieljegeursel by die eiermengsel en klits verder baie goed tot al die klontjies opgelos is.
3. Kook die melk en margarien saam. Haal af van stoofplaat.
4. Roer 'n bietjie van die kookmelkmengsel by die eiermengsel.
5. Roer die eiermengsel nou by die res van die kookmelkmengsel. Plaas terug op die warm stoofplaat en roer dit vinnig totdat dit begin kook.
6. Gooi die warm vulsel in die kors. Sif kaneel oor. Bak vir 25 minute in 'n voorverhitte oond teen 180 °C.

Wenk

Om 'n tertdop "blind te bak" beteken die tertdop word sonder 'n vulsel gebak om 'n bros kors te verseker. Die rou tertdop word met bakpapier uitgevoer en met droë boontjies gevul en dan so gebak. Die droë boontjies ondersteun die deeg sodat dit nie krimp terwyl dit bak nie.

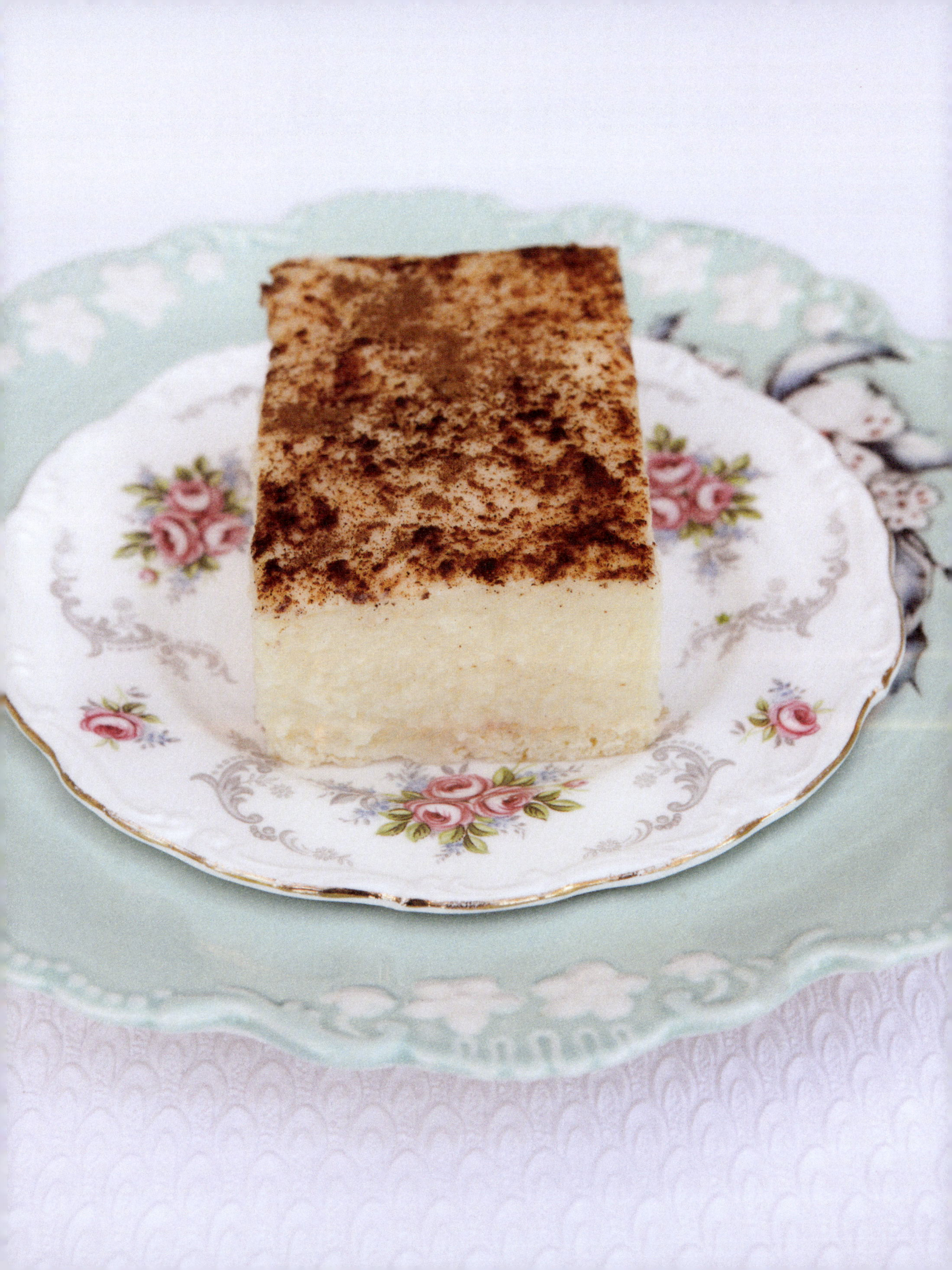

Suurlemoenmeringue

6-8 porsies | 25 min. | Bak tot skuim bruin is

Kors:
- 1 pak Tennisbeskuitjies
- 50 g botter

Vulsel:
- 1 blikkie kondensmelk
- 125 ml suurlemoensap
- 1 suurlemoenskil, gerasper
- 2 eiergele

Meringue:
- 2 eierwitte
- 90 ml suiker
- 'n Knippie sout

1. Maak die Tennisbeskuitjies fyn en smelt die botter vir die kors.
2. Meng saam en druk in 'n tertbak (25 cm) om kors te maak.
3. Klits die eiergeel, voeg die kondensmelk, suurlemoensap en skil by en meng tot 'n dik, romerige mengsel.
4. Gooi in kors.
5. Klits die wit van die eiers styf en voeg die suiker bietjie vir bietjie by. Voeg sout by en klits goed.
6. Skep versigtig bo-op die vulsel.
7. Bak teen 180 °C tot die skuim bo effens goudbruin is.

Brandewyntert

6-8 porsies | 20 min. | 30 min.

250 g	dadels
250 ml	kookwater
5 ml	koeksoda
250 ml	suiker
60 ml	margarien
1	eier
375 ml	koekmeel
3 ml	bakpoeier
3 ml	sout
125 ml	pekanneute (opsioneel)

Stroop:

310 ml	suiker
250 ml	water
15 ml	margarien
5 ml	vanieljegeursel
100 ml	brandewyn
	'n Knippie sout

1. Voorverhit die oond tot 180 °C.
2. Sny die dadels fyn.
3. Gooi die koeksoda en dan kookwater oor.
4. Laat effens afkoel.
5. Room margarien en suiker.
6. Voeg die eier by en klits.
7. Voeg by dadelmengsel.
8. Sif meel, sout en bakpoeier saam en voeg by dadelmengsel.
9. Kap die neute fyn en voeg by die dadelmengsel.
10. Meng deeglik en gooi beslag in gesmeerde 25 cm-bak.
11. Bak vir 30 minute in matige oond van 180 °C.
12. Kook suiker, water, margarien en sout vir 5 minute saam.
13. Verwyder van stoof en voeg vanieljegeursel en brandewyn by.
14. Gooi oor die gaar tert.
15. Versier met kersies en room.

Ystervarkies

2 dosyn   30 min.   25 min.

4	eiers
375 ml	suiker
500 ml	koekmeel
1 ml	sout
10 ml	bakpoeier
250 ml	melk
60 ml	olie
10 ml	vanieljegeursel

1. Smeer 'n reghoekige koekpan (35x23 cm) en voorverhit die oond tot 180 °C.
2. Klits eiers goed tot skuim. Voeg suiker geleidelik by en klits verder.
3. Sif meel en sout saam. Vou dit by die eierbeslag in.
4. Gooi bakpoeier oor beslag.
5. Kook melk en olie saam, voeg by die beslag en roer saggies in.
6. Voeg vanieljegeursel by en meng liggies.
7. Gooi in 'n reghoekige koekpan.
8. Bak vir 25 minute.

Stroop:

750 ml	suiker
375 ml	water
45 ml	kakao
15 ml	botter
200 g	klapper

1. Voeg al die bestanddele saam.
2. Kook stroop vir 10 minute tot suiker opgelos is.
3. Sny die koek in blokkies.
4. Doop blokkies in warm stroop en rol in klapper.
5. Laat afkoel op draadrak.

Variasie: Die oliekoek en klapper kan gekleur word.

Wenk
Gooi klapper in plastieksakkie met 'n paar druppels kleursel en skud tot egalig gemeng.

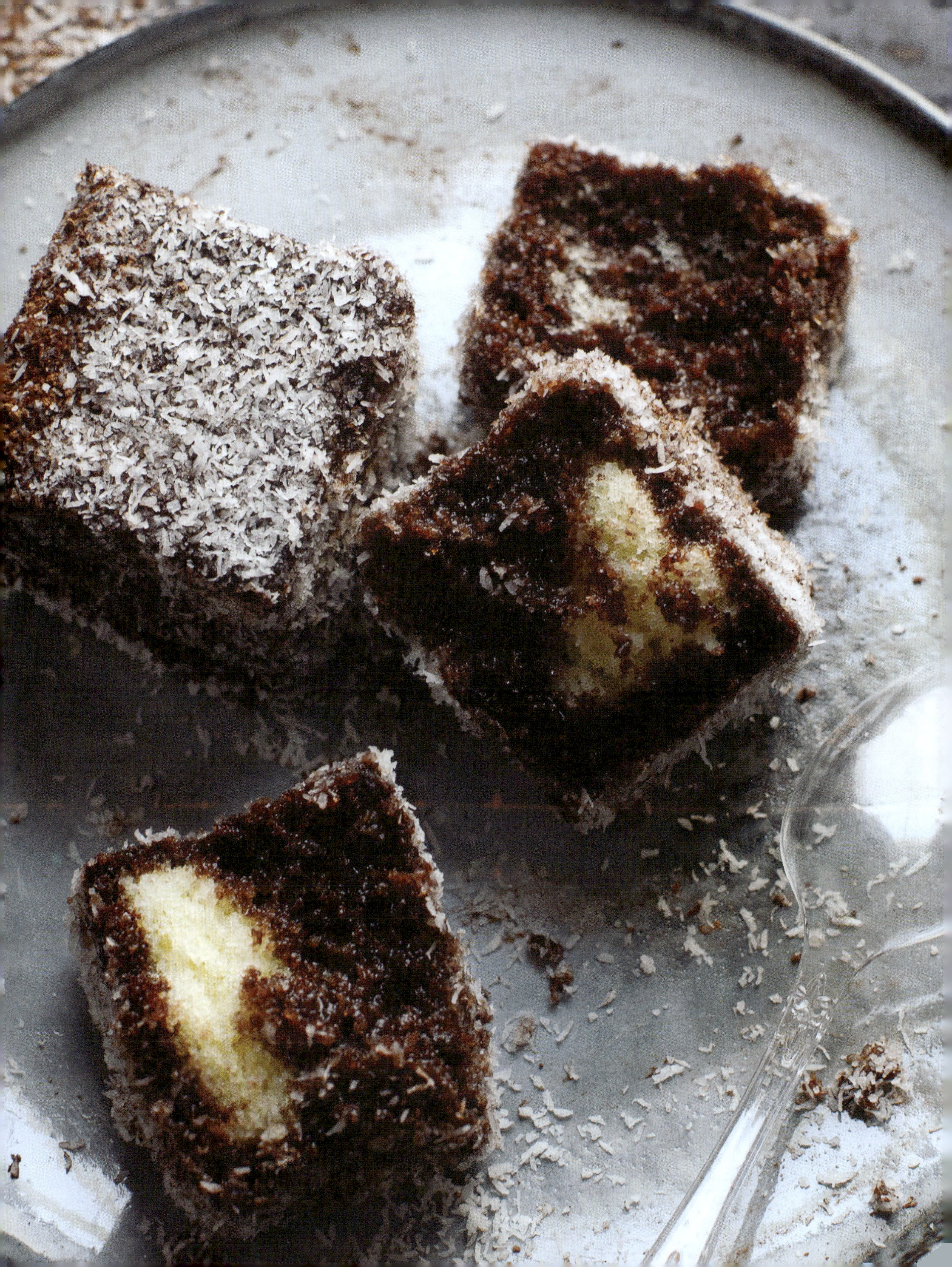

Fudge

2 dosyn · 15 min. · 25 min.

1 blikkie	kondensmelk
500 ml	suiker
25 ml	gouestroop
75 ml	warm water
60 ml	botter
5 ml	vanieljegeursel

1. Gooi die suiker en warm water in swaarboomkastrol.
2. Roer oor lae hitte tot die suiker opgelos is.
3. Voeg die botter en stroop by en roer tot botter gesmelt is.
4. Voeg kondensmelk by en roer tot mengsel begin kook.
5. Laat stadig tot sagtebalstadium kook, terwyl aanhoudend geroer word (20–25 minute). Halveer tyd vir gasstoof.
6. Verwyder van stoof. Voeg vanieljegeursel by en klop mengsel 5-10 minute tot die mengsel dik word.
7. Gooi in gesmeerde pan (25x25 cm) en laat afkoel.
8. Sny in blokkies voor dit heeltemal afgekoel is.

Wenke

Om vir sagtebalstadium te toets, gooi 'n teelepel van die mengsel in baie koue water. Indien dit 'n balletjie vorm wat sag is, is dit in die regte stadium.

Let wel: Om oorverhitting te vermy, verwyder die mengsel van die hitte terwyl jy toets.

Vlakoekies

2 dosyn • 30 min. • 15 min.

750 ml	koekmeel
2	eiers
20 ml	bakpoeier
120 ml	suiker
120 ml	vlapoeier
5 ml	vanieljegeursel
250 g	botter

Vulsel:

250 ml	versiersuiker
30 ml	kookwater

1. Voorverhit die oond tot 180 °C.
2. Room botter en suiker, voeg eiers een vir een by, dan die vla, meel, bakpoeier en vanieljegeursel.
3. Meng goed tot stywe deeg en sit deur meultjie of druk uit.
4. Bak vir 10–15 minute in die oond.
5. Plak dit op mekaar met kookwater en versiersuiker.

> **Wenk**
> Moenie te veel kookwater by die versiersuiker gooi nie. Dit moet net 'n lekker pasta maak. Die kookwater help dat die vulsel hard word.

Soentjies

4 dosyn   30 min.   10 min.

450 g	botter
450 g	suiker
450 g	koekmeel
450 g	mielieblom (*Maizena*)
3	eiers
15 ml	bakpoeier
2,5 ml	sout

Vulsel:

250 ml	versiersuiker
30 ml	kookwater

1. Voorverhit die oond tot 180 °C.
2. Klop die botter en suiker saam tot deeglik gemeng.
3. Klits die eiers goed en voeg by bottermengsel.
4. Sif droë bestanddele saam.
5. Knie met hande en sit deur koekiedrukker.
6. Bak dit omtrent 10 minute lank in 'n matige oond.
7. Plak dit op mekaar met kookwater en versiersuiker.

Wenk

Moenie te veel kookwater by die versiersuiker gooi nie. Dit moet net 'n lekker pasta maak. Die kookwater help dat die vulsel hard word.

Hertzoggies

2 dosyn | 30 min. | 20 min.

Kors:

450 ml	koekmeel
35 ml	strooisuiker
10 ml	bakpoeier
1 ml	sout
125 g	botter of margarien teen kamertemperatuur
3	eiergele van ekstra groot eiers
25 ml	koue water

Vulsel:

3	eierwitte van ekstra groot eiers
300 ml	suiker
500 ml	klapper
	Appelkooskonfyt

1. Voorverhit die oond tot 180 °C.
2. Sif die meel, strooisuiker, bakpoeier en sout saam.
3. Frummel die botter of margarien liggies met die vingers daarin.
4. Klits die eiergele en water effens.
5. Voeg by die meelmengsel en meng tot 'n sagte, hanteerbare deeg.
6. Voeg nog 'n bietjie melk of water by as deeg te styf is.
7. Knie goed, bedek en laat 'n rukkie eenkant staan.
8. Rol die deeg op 'n meelbestrooide deegplank dun uit.
9. Druk sirkels van 7,5 cm in deursnee met 'n koekiedrukker en voer die holtes van die kolwyntjiepannetjies daarmee uit.
10. Skep 'n klontjie konfyt in elke korsie.
11. Klits die eierwitte styf tot sagte puntjies vorm.
12. Klits die suiker geleidelik by.
13. Roer die klapper by.
14. Skep lepelsvol van die vulsel op die appelkooskonfyt in die korsies.
15. Bak ongeveer 15–20 minute teen 180 °C.
16. Haal versigtig uit en laat dit op 'n draadrak afkoel.

Soetkoekies

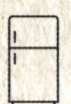

3 dosyn | 30 min. | 20 min. | 8-10 min. | Nadia Roux

600 g koekmeel
200 g suiker
10 ml kremetart
2,5 ml sout
250 g botter
5 ml koeksoda
30 ml melk
2 eiers
5 ml vaniejegeursel

1. Voorverhit die oond tot 180 °C.
2. Meng die meel, suiker, kremetart en sout saam.
3. Vryf die botter in die meelmengsel in totdat dit soos fyn broodkrummels lyk.
4. Laat die koeksoda oplos in die melk.
5. Klits die eiers saam en voeg die vaniejegeursel by.
6. Voeg die melk en eiers by die meelmengsel en meng totdat 'n egalige deeg gevorm is.
7. Maak die deeg in kleefplastiek toe en laat dit in die yskas vir ten minste 30 minute rus.
8. Op die blad wat liggies met meel besprinkel is, rol die deeg tot ongeveer 4 mm dik uit en druk met 'n koekiedrukker uit.
9. Plaas op bakplate wat gespuit of gesmeer is. Indien verkies, sprinkel weer 'n bietjie suiker oor.
10. Bak vir 8-10 minute tot goudbruin en laat dit eers afkoel op die plaat voordat jy dit afhaal.

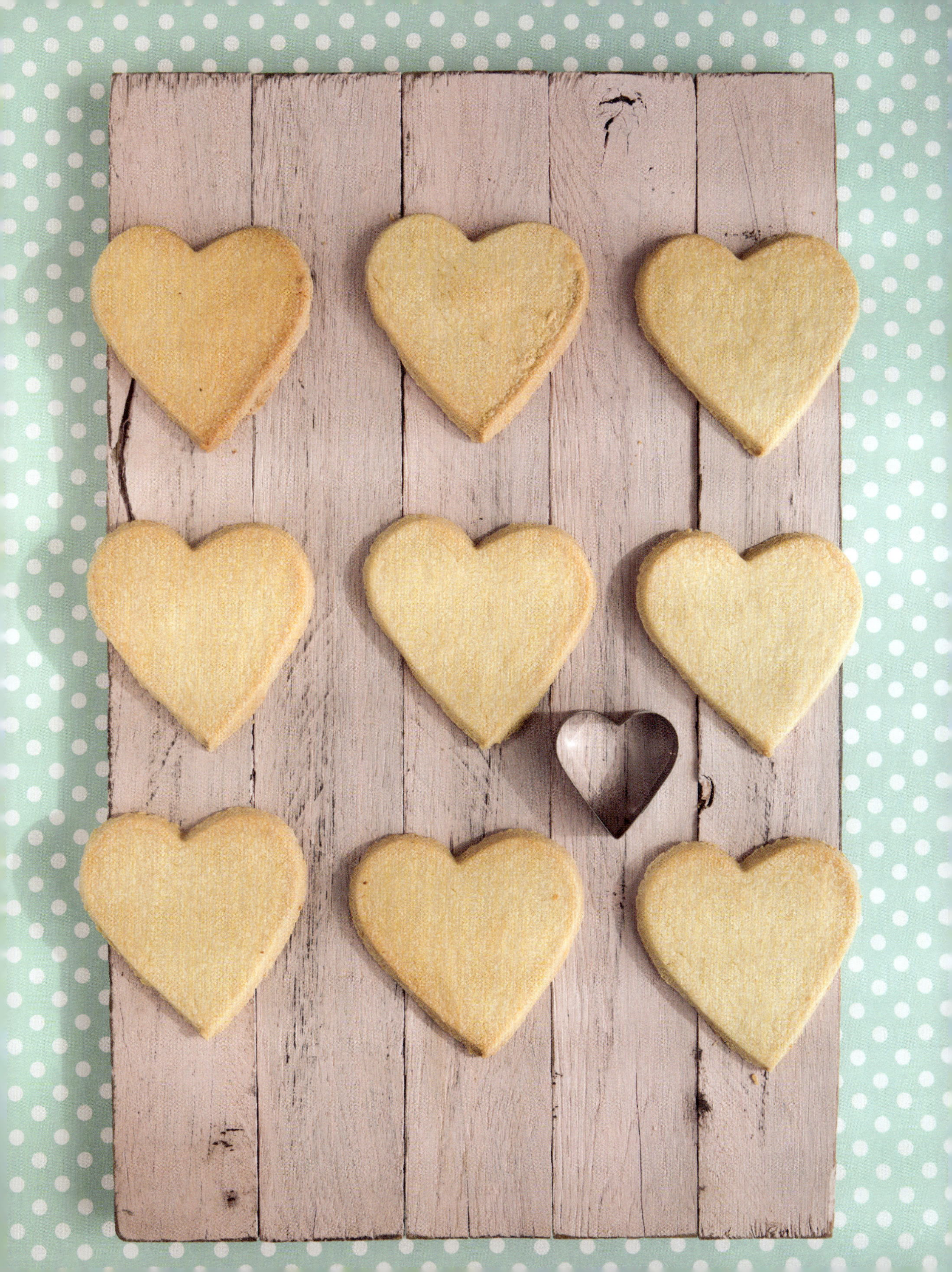

Koeksisters

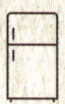

2 dosyn · 60 min. · Oornag · 20 min.

Stroop:
- 600 g suiker
- 625 ml water
- 1 kaneelstokkie
- 5 ml suurlemoenskil
- 1 ml gemmerpoeier

Deeg:
- 250 g koekmeel
- 1 ml sout
- 10 ml bakpoeier
- 35 g botter
- 1 eier
- 10 ml suiker
- 125 ml koue water
- 850 ml kookolie

1. Plaas suiker en water in kastrol, 21 cm in deursnee, en verhit oor lae hitte. Roer tot suiker opgelos het.
2. Voeg die kaneel, suurlemoenskil en gemmerpoeier by en laat vir 5-10 minute kook.
3. Verkoel oornag in yskas.

1. Sif die meel, sout en bakpoeier saam.
2. Sny botter in kleiner stukkies en vryf by die droë bestanddele in.
3. Klits die eiers en voeg die suiker en water by. Meng tot 'n sagte deeg.
4. Maak die deeg met kleefplastiek toe en verkoel oornag in die yskas.
5. Haal die deeg uit die yskas en rol die deeg 5-7 mm dik uit op meelbestrooide oppervlak.
6. Gebruik 'n 6 cm koeksisterdrukker en druk vorms uit. Deeg kan ook in 3 cm breë stroke gesny word, wat 5 cm lank is. Sny elke strook in drie. Stroke moenie dwarsdeur gesny word nie, sodat deegstroke aan die bokant aanmekaar vas is. Vleg en heg eindpunte goed aanmekaar vas.
7. Verhit die olie in 'n kastrol, 21 cm in deursnee, tot 190 °C.
8. Diepbraai koeksister vir 1-2 minute tot goudbruin.
9. Verwyder koeksister van die olie met 'n gaatjieslepel en plaas dadelik in yskoue stroop.
10. Verwyder koeksister uit stroop en plaas oor afkoelrak, sodat oortollige stroop kan afdrup.

Gunstelingresep van my ouma

Gunstelingresep van sy ouma

Skribbelvel

Skribbelvel

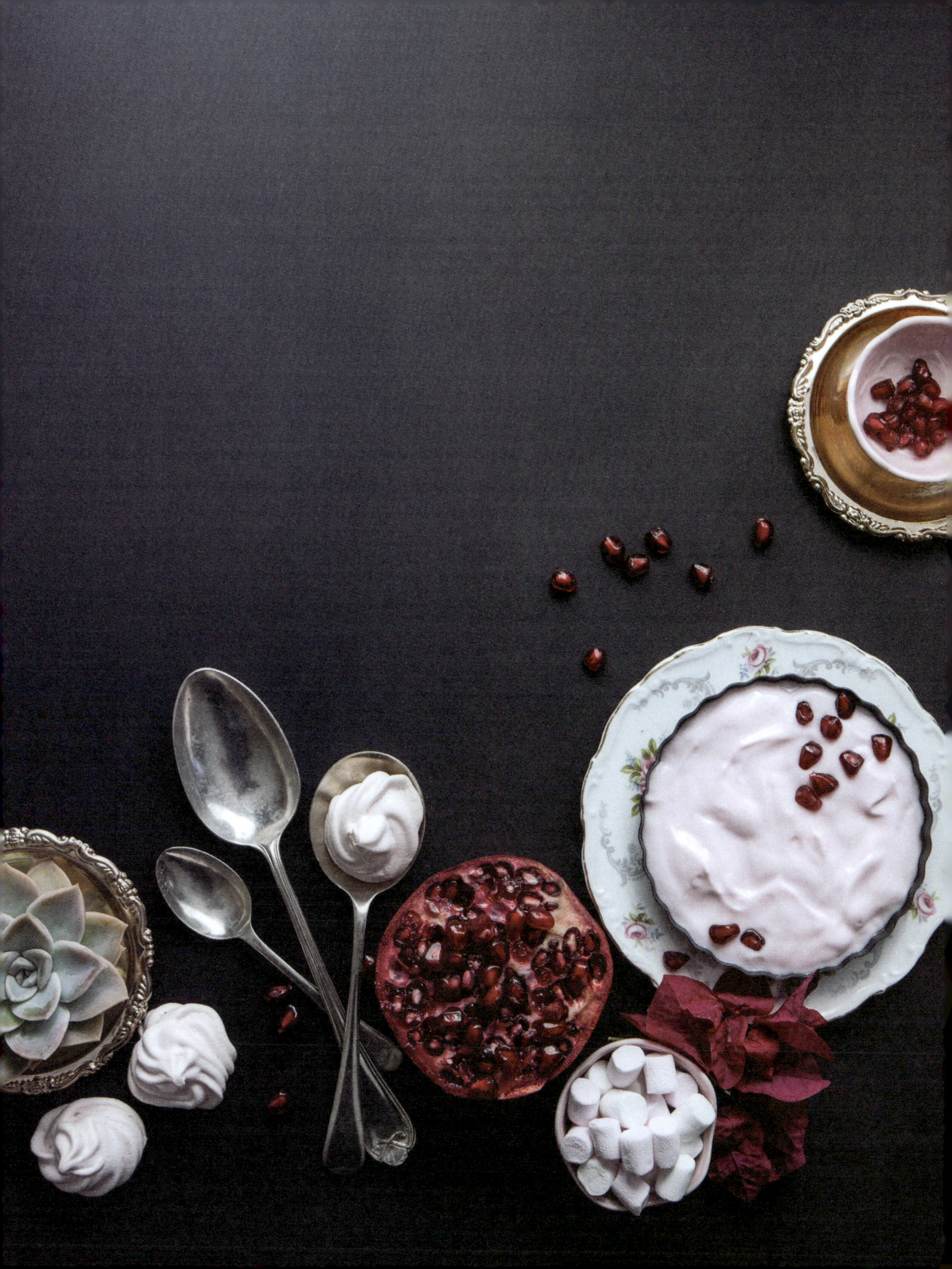

Mamma se dorpshuis

Trouvrou
verlang na haar heldin-ma se dorpskombuis.
Sy sien nog die meelwolk soos haar ma werskaf
en sy rúík die kaneel.
Haar hart trek huis toe, veral op koue wintersdae...

Bakke vol kerrie en koekstruif staan reg vir die kerkbasaar.
Dis ook hier waar Pa se springbok biltong en droëwors word.
Padkospakkies met koue hoenderboudjies en gekookte eiers
staan reg vir die langpad.

Na *Noot vir Noot*, 'n laataandkuier om die kombuistafel
met 'n beker koffie en Ma se sjokoladekoek.
Salig!

CROXLEY

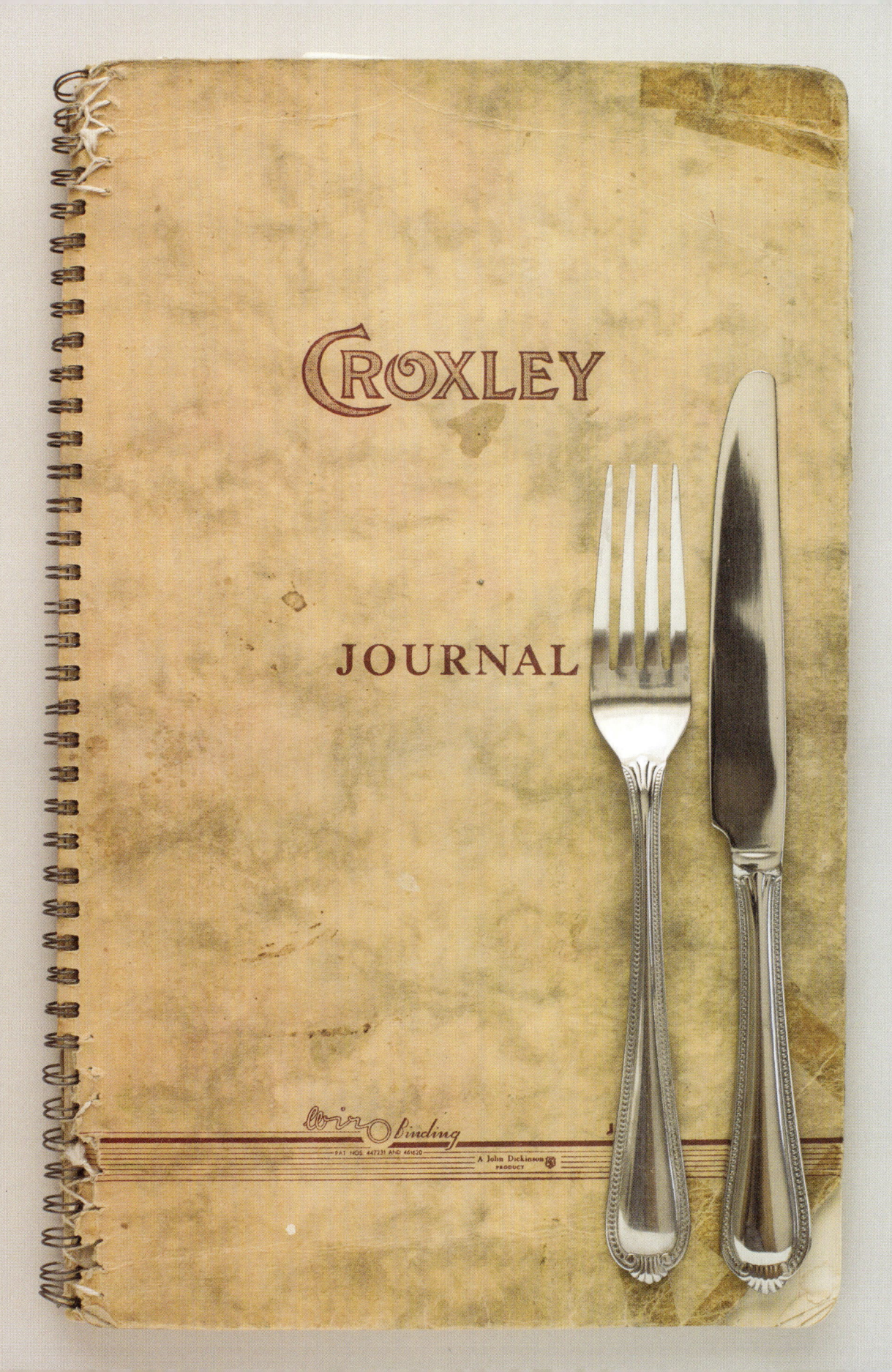

JOURNAL

Wiro binding
PAT NOS 447231 AND 461620
A John Dickinson PRODUCT

Macaroni-en-kaas

6   15 min.   20 min.   Tanya Murray

2 k	macaroni, rou
5 ml	sout
15 ml	mielieblom (*Maziena*)
2 ml	mosterdpoeier
1 ml	gemaalde swartpeper
1 blikkie	ingedampte melk
125 ml	water
30 ml	botter of margarien
1 k	chedderkaas
1 k	mozzarellakaas
250 g	spek
2	tamaties
	Parmesankaas na smaak
	Gerookte paprika na smaak

1. Voorverhit oond tot 180 °C.
2. Maak die spek in 'n pan gaar en hou eenkant.
3. Kook die macaroni in water met sout tot gaar, dreineer en hou eenkant.
4. Meng die sout, mielieblom, mosterdpoeier en peper in 'n medium pan.
5. Meng die ingedampte melk, water en botter by.
6. Roer oor lae hitte totdat mengsel kook.
7. Kook vir een minuut en verwyder van die hitte.
8. Voeg gaar spek by.
9. Voeg ¾ van die kaas by en roer tot dit smelt.
10. Voeg gaar macaroni by en meng goed.
11. Gooi in 'n gesmeerde bak.
12. Plaas gesnyde tamaties bo-op en strooi kaas oor.
13. Bak in oond vir 20 minute tot ligbruin en die kaas gesmelt is.

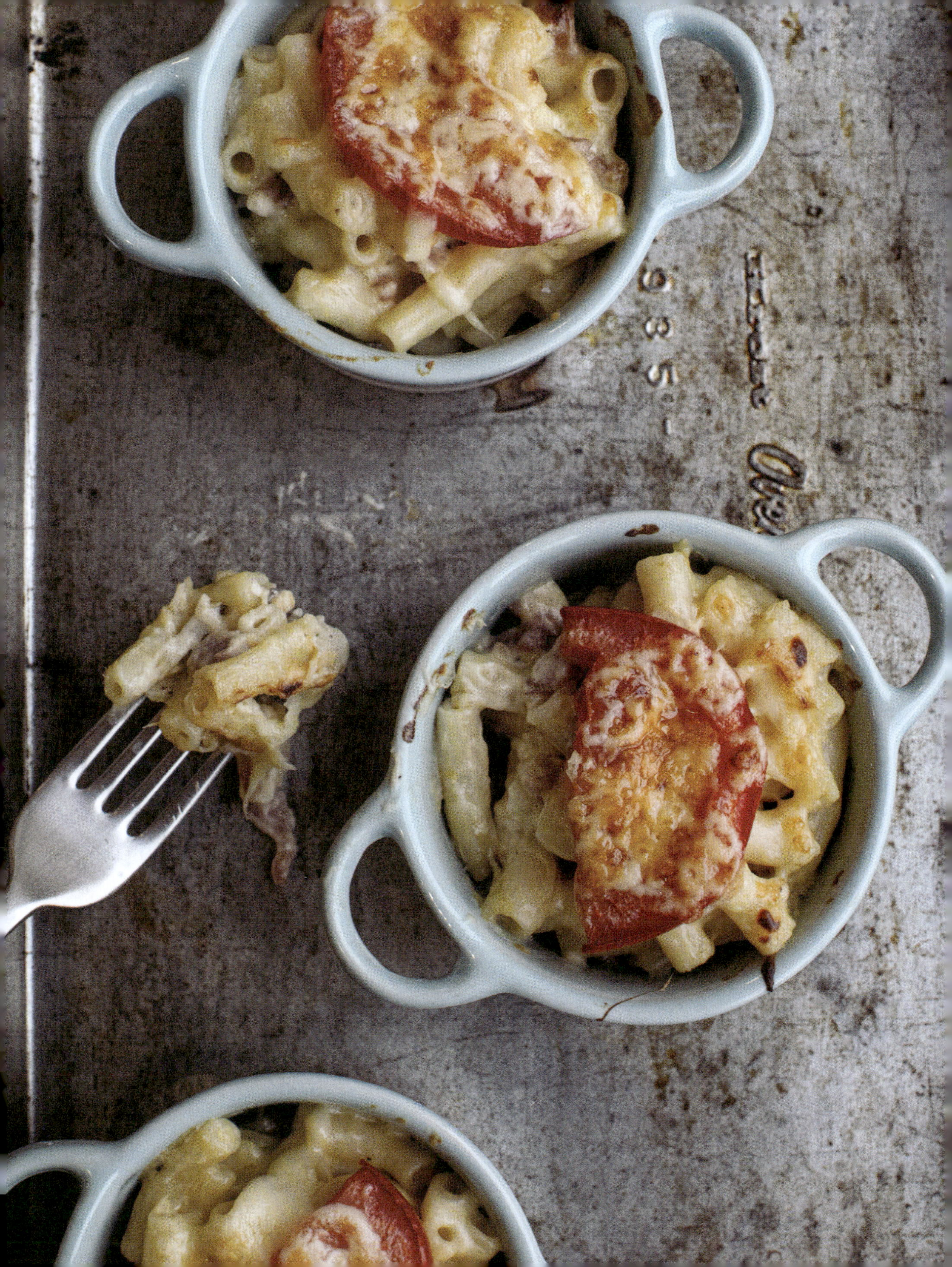

Noedelhoender

6-8 | 60 min. | 20 min.

1	hoender, middelslag	
2 blokkies	hoenderekstrak	
250 ml	skroefnoedels, rou	
125 ml	mayonnaise	
125 g	droë tjips, gebreek (kaas-en-uie-geur)	
500 ml	melk	
1 pakkie	wituiesoppoeier	
10 ml	Italiaanse kruie	
2	eiers, geklits	

1. Spoel die hoender met water af; plaas in 'n kastrol. Voeg hoenderekstrak en 'n bietjie kookwater by en kook tot vleis van die been afval.
2. Ontbeen die gaar hoender en maak die vleis fyn.
3. Kook skroefnoedels tot sag en dreineer.
4. Meng hoender, skroefnoedels, mayonnaise en helfte van die tjips saam.
5. Skep in 'n groot oondskottel.
6. Kook melk en wituiesoppoeier op die stoof tot gaar om witsous te vorm.
7. Meng witsous, kruie en eiers en gooi bo-oor.
8. Strooi res van die skyfies oor die sous.
9. Bak 20 minute teen 180 °C of tot sous begin verkleur.

Blatjanghoender

6 · 15 min. · 90 min.

1 kg hoenderstukke
125 ml mayonnaise
125 ml blatjang
1 pakkie bruinuiesoppoeier
2 ml sout

1. Plaas hoenderstukke met vel na bo in gesmeerde oondskottel.
2. Meng al die sousbestanddele saam.
3. Smeer elke hoenderstuk met die sousbestanddele.
4. Plaas deksel op en bak vir 60 minute teen 180 °C.
5. Haal die deksel af en bak vir verdere 30 minute teen 140 °C.

Variasie: Rol die hoenderporsies in 'n pakkie tamatieroomsoppoeier. Strooi Aromat en ½ t sout bo-oor en bak soos hierbo tot gaar.

Cokehoender

4-6 | 15 min. | 20 min.

500 g	hoenderstukke	
500 ml	Coke	
15 ml	goue stroop	
15 ml	sojasous	
	Sout en peper na smaak	

1. Plaas hoenderstukke in 'n kastrol.
2. Voeg Coke by.
3. Geur met sout en peper.
4. Kook tot sag.
5. Voeg stroop en sojasous by en braai tot tameletjie.

Gekrummelde Hoender

4   15 min.   60 min.

4	hoenderboudjies
4	hoenderdye
1	eier, geklits
150 ml	sonneblomolie
100 g	droë broodkrummels
15 ml	hoenderspeserye
	Sout en varsgemaalde swartpeper

1. Verhit die oond tot 180 °C.
2. Plaas hoender in 'n groot mengbak.
3. Gooi eier oor hoender om elke stukkie te bedek.
4. Geur met sout en swartpeper.
5. Gooi sonneblomolie in 'n oondbak wat groot genoeg is sodat die hoenderstukke langs mekaar kan lê.
6. Gooi broodkrummels in 'n plastieksak saam met die hoenderspeserye.
7. Sit hoenderstukke een-een in die sak en skud goed totdat die hoender met die krummels bedek is.
8. Plaas hoender in die oondbak, bak vir sowat 30 minute en draai dan die hoender om. Oondrooster vir nog 30 minute. Maak seker die hoender is mooi goudbruin en bros.
9. Sit voor saam met aartappelwiggies.

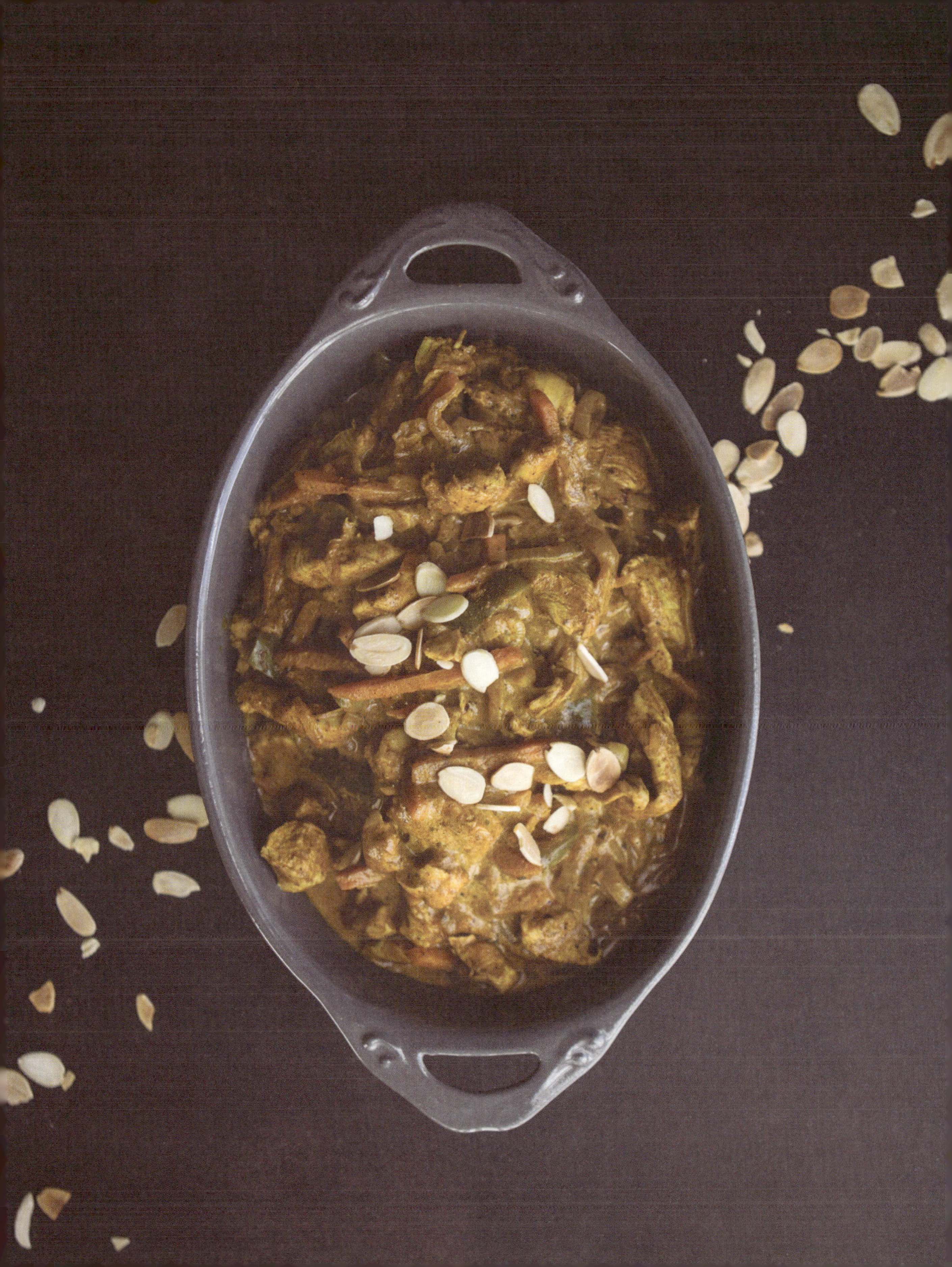

Kormahoenderkerrie

4   15 min.   15 min.   Heidi Ahrens

60 ml	olyfolie
2	uie, middelslag, opgekap
145 g	Kormasmeer
2	wortels, middelslag
1	groen soetrissie (*green pepper*)
1 kg	hoenderfilette
250 ml	water
250 ml	room of klappermelk

Garnering:
Amandels, gerooster
Poppadums

1. Sny wortels in julienne-repies.
2. Sny groen soetrissie in repe, asook die hoender in blokkies.
3. In 'n pot, braai uie in olyfolie met die deksel op vir sowat 10 minute.
4. Roer die Kormasmeer by die uie in en braai vir ongeveer 2–3 minute.
5. Voeg die gesnyde hoenderblokkies by en braai net tot geseël.
6. Voeg water by. Meng goed en laat vir 20 minute prut.
7. Voeg groenrissie en wortels by en kook vir 'n verdere 5 minute.
8. Meng die room en of klappermelk in en verhit tot kookpunt.
9. Garneer met geroosterde amandels.
10. Bedien warm saam met poppadums.

Wenk
Die beste Kormasmeer om te gebruik is Pataks.

Masalahoenderpot

4   15 min.   35 min.   Heidi Ahrens

4	hoenderborsies
4	hoenderdye
10	baba-uie
250 g	baba-aartappels
250 g	babawortels
60 ml	Masala-speserye (Ina Paarman)
500 ml	kookwater
400 ml	klappermelk
	Olyfolie
	Sout en peper

1. Verwyder skilletjies van die uie en sny in die helfte.
2. Was die baba-aartappels en sny in die helfte.
3. Braai die hoenderborsies en dye in olyfolie tot bruin.
4. Plaas die uitjies, aartappels en wortels saam met die hoender in 'n pot.
5. Gooi die Masala-speserye oor en die water daarna.
6. Kook vir 20 minute.
7. Gooi dan die klappermelk by en kook vir 15 minute oor medium hitte tot gaar.
8. Geur met sout en peper.

Hoender-a-la-king

4   10 min.   20-25 min.

1	groen soetrissie (*green pepper*)
1	rooi soetrissie (*red pepper*)
250 g	sampioene
1	ui
60 g	botter
30 ml	koekmeel
250 ml	melk
60 ml	hoenderaftreksel
400 g	hoender, gaar
	Sout en peper na smaak

1. Breek gaar oorskiethoender in stukkies.
2. Maak hoenderaftreksel volgens aanwysings op die pakkie.
3. Sny die soetrissies in repe, die sampioene in kwarte en die ui in ringe.
4. Braai die soetrissies, sampioene en die uie in die helfte van die botter in 'n verhitte pan tot net sag. Skep uit.
5. Voeg die orige botter by, verhit tot gesmelt, verwyder van die hitte en roer die meel by. Roer tot glad.
6. Plaas terug op die hitte en laat prut. Roer die melk en aftreksel by en bring tot kookpunt, terwyl geroer word.
7. Geur met sout en peper.
8. Roer die gaar hoender by en verhit tot warm.
9. Voeg die gebraaide groente by en meng deur.
10. Bedien met rys.

Hoender-en-brokkoligereg

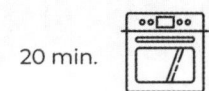

🍴 6 🕐 20 min. 🔲 25 min.

1	hoender, gaar en fyn
500 g	bevrore brokkoli
300 ml	mayonnaise
10 ml	kerriepoeier (Rajah), mediumsterkte
150 g	beskuitjie-krummels (Cheddars of Kips)
500 ml	gerasperde kaas
100 g	botter
	Sout en peper

1. Kook brokkoli vir 5 minute in soutwater.
2. Pak gaar, fyn hoender in 'n oondbak en dan die brokkoli.
3. Meng mayonnaise en kerriepoeier en gooi bo-oor.
4. Meng botter, krummels en kaas en strooi bo-oor.
5. Bak in oond vir ongeveer 25 minute teen 180 °C tot goudbruin.

Stokvis in Suurroomsous

6   15 min.   40 min.

25 ml	margarien
250 ml	suurroom
1 pakkie	wituiesoppoeier
125 ml	melk
800 g	stokvisfilette, bevrore
200 ml	kaas, gerasper
	Gemengde kruie
	Sout en peper na smaak

1. Voorverhit die oond tot 180 °C en smeer 'n oondvaste bak met margarien.
2. Meng die suurroom en soppoeier. Spoel die roomhouer met die melk uit, voeg dit by die sopmengsel en meng goed.
3. Pak die visfilette in die bak, strooi sout, peper en gemengde kruie oor.
4. Gooi die sop en roommengsel oor die vis en strooi kaas oor.
5. Bak vir ongeveer 40 minute tot goudbruin en gaar.

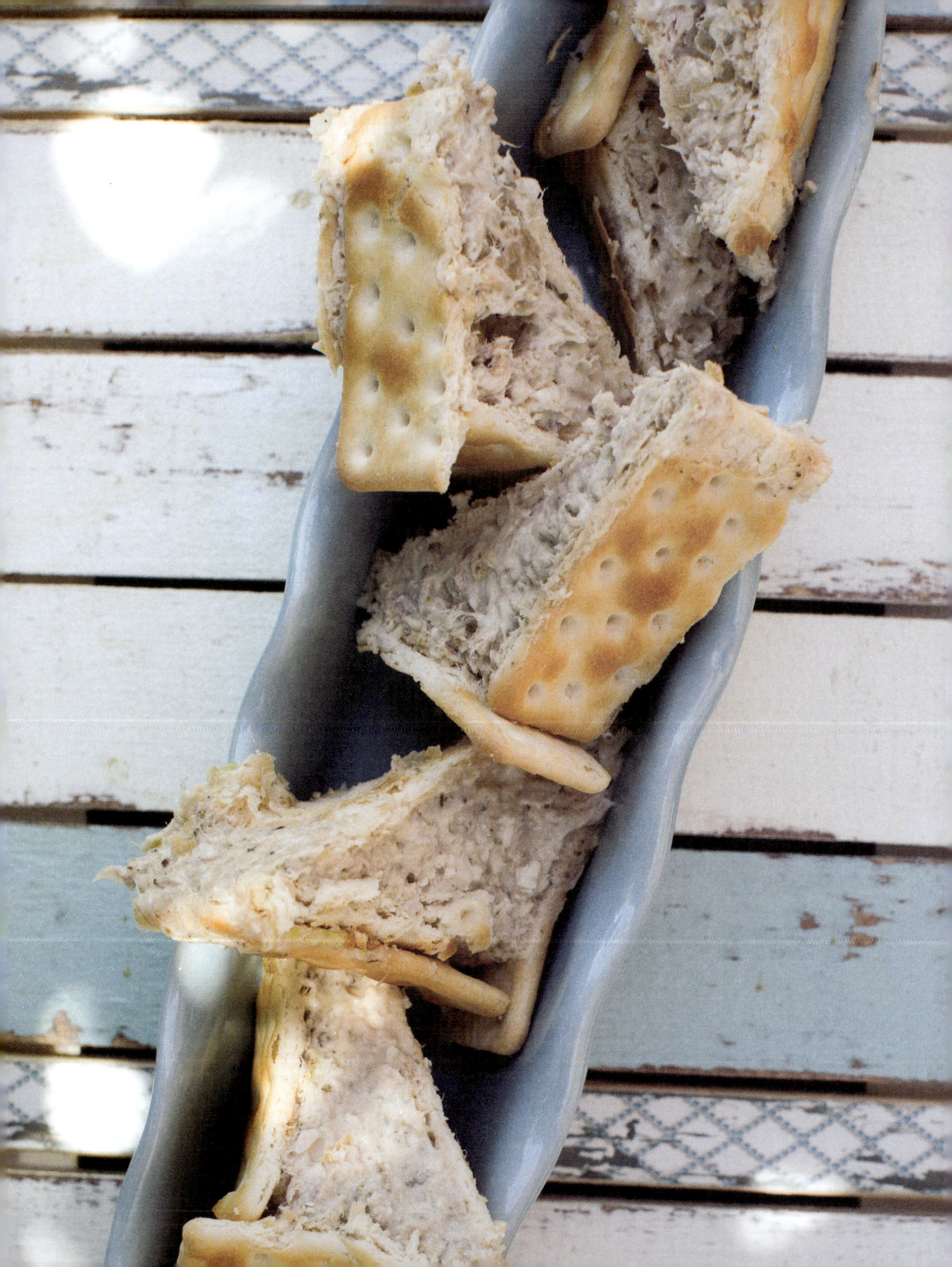

Visrollade

15   25 min.   3 ure

25 ml	gelatien
25 ml	kookwater
1 blokkie	hoenderaftreksel
100 ml	kookwater
2 blikkies	tuna
1	ui, gerasper
1	knoffelhuisie, gerasper
25 ml	suurlemoensap
5 ml	swartpeper
125 ml	mayonnaise
125 ml	room, geklits
1 pakkie	Cream Crackers

1. Versag gelatien in 'n klein bietjie koue water en laat staan vir 5 minute.
2. Gooi die gelatienmengsel oor die kookwater tot opgelos.
3. Los die blokkie hoenderaftreksel op in die 100 ml kookwater.
4. Meng alles saam en plaas in die yskas tot dit styf is (nie gestol nie).
5. Pak 6x3 rye beskuitjies op foelie.
6. Skep vulsel op die middelste ry.
7. Vou kante in foelie toe sodat 'n driehoek met die beskuitjies en vulsel gevorm word.
8. Laat stol in die yskas vir drie ure.
9. Sny in skyfies.

Wenke

Gebruik presies die regte hoeveelheid gelatien volgens die resep.

Die mengsel waarby gelatien gevoeg word, moenie te koud wees nie, anders stol dit te vinnig.

Snoekpatee

10   15 min.

1 kg	snoek, gerook en gevlok
1	ui, middelslag, gekap
250 ml	mayonnaise
125 g	gladde maaskaas (*smooth cottage cheese*)
15 ml	suurlemoensap
2	agurkies, gekap
	Sout en varsgemaalde swartpeper na smaak

1. Meng al die bestanddele saam.
2. Bedien as voorgereg of bedien dit saam met 'n lekker vars broodjie.

Basaarkerrie

50   30 min.   60 min.

5 kg	maalvleis
5	uie
2 kg	bevrore, gemengde groente
2 k	pitlose rosyne
3 ml	naeltjies
3 ml	koljander
1 k	asyn
1¼ k	appelkooskonfyt
90 ml	kerriepoeier, matig
½ k	olie
5 ml	mosterdpoeier
115 g	tamatiepasta
	Sout en peper na smaak

1. Braai uie in olie.
2. Voeg die maalvleis by.
3. Prut vir 15 minute.
4. Voeg die groente by.
5. Roer geurmiddels in en prut vir 30 minute.
6. Voeg tamatiepasta en rosyne by.
7. Kook goed deur.
8. Vir 5 kg vleis, gebruik 2 kg rys.

Wenk
Hierdie is 'n grootmaatresep wat vir baie mense kos kan gee.

Oondgebraaide Beesfilet

8   20 min.   60 min.   Poelanie Craven

1 kg	beesfilet
2	knoffelhuisies, in repies gesny
5 ml	mostertpoeier
2 ml	gerookte paprika
25 ml	kookolie
1	ui, gekap
200 g	sampioene, in skywe gesny
6	vars tiemietakkies, gekap
125 ml	rooiwyn
2 ml	sout
2 ml	suiker
125 ml	suurroom
45 ml	Bisto
	Sout en swartpeper na smaak

1. Druk knoffel oral in vleis.
2. Geur vleis met mosterd en paprika en braai bruin in verhitte kookolie.
3. Verwyder filet uit pan en soteer uie, sampioene en tiemie.
4. Verwyder van hitte en voeg wyn, sout en suiker by.
5. Plaas filet in 'n groot genoeg oondpan.
6. Giet wynsous bo-oor en oondbraai vir 60 minute teen 160 °C tot mediumgaar.
7. Skep vleis in 'n plat opdienbord en hou eenkant.
8. Verdik pansous met Bisto wat in koue water aangemaak is en voeg suurroom by.
9. Sny die filet in dun skyfies.
10. Gooi die pansous oor die vleis en sit voor.

Beesvleisstroganoff

4-6 | 15 min. | 20 min.

1 kg	beesvleisrepies	
30 ml	kookolie	
1	ui, groot	
2	knoffelhuisies	
250 g	vars sampioene	
1 blik	sampioensop	
30 ml	suurlemoensap	
15 ml	worcestersous	
250 ml	suurroom	
10 ml	Italiaanse kruie	
	Sout en varsgemaalde swartpeper na smaak	

1. Berei die groente voor deur die sampioene in skyfies te sny, die ui te kap en die knoffel te kneus.
2. Braai die vleis bruin in verhitte kookolie in 'n swaarboomkastrol.
3. Voeg ui, knoffel en sampioene by en braai.
4. Voeg sampioensop by en prut vir 15-20 minute.
5. Voeg geurmiddels by en roer suurroom by.
6. Strooi kruie oor.
7. Bedien met rys.

Oondgebraaide Lamtjops

3 | 10 min. | 35 min. | Reneé du Toit

6	lamtjops
20 ml	Aromat (*Chilli Beef*)
20 ml	knoffelpeper (Ina Paarman)
20 ml	suurlemoen-en-knoffel-BBQ-speserye (Walker Bay)
20 ml	suurlemoensap

1. Gooi 'n bietjie suurlemoensap oor die lamtjops.
2. Geur met speserye na smaak. Gooi slegs oor die een kant en vryf speserye met die hand in.
3. Plaas die vleis op 'n rakkie wat op 'n bakplaat staan.
4. Sit rooster aan en rooster vir 15 minute.
5. Draai tjops om en gooi speserye oor die agterkant.
6. Rooster vir 20 minute.

Wenk
Tjops moenie direk op die bakplaat gesit word nie. Lug moet deurgelaat word om bros tjops te verkry. 'n Staalrakkie wat gebruik word om koeke af te koel, is ideaal.

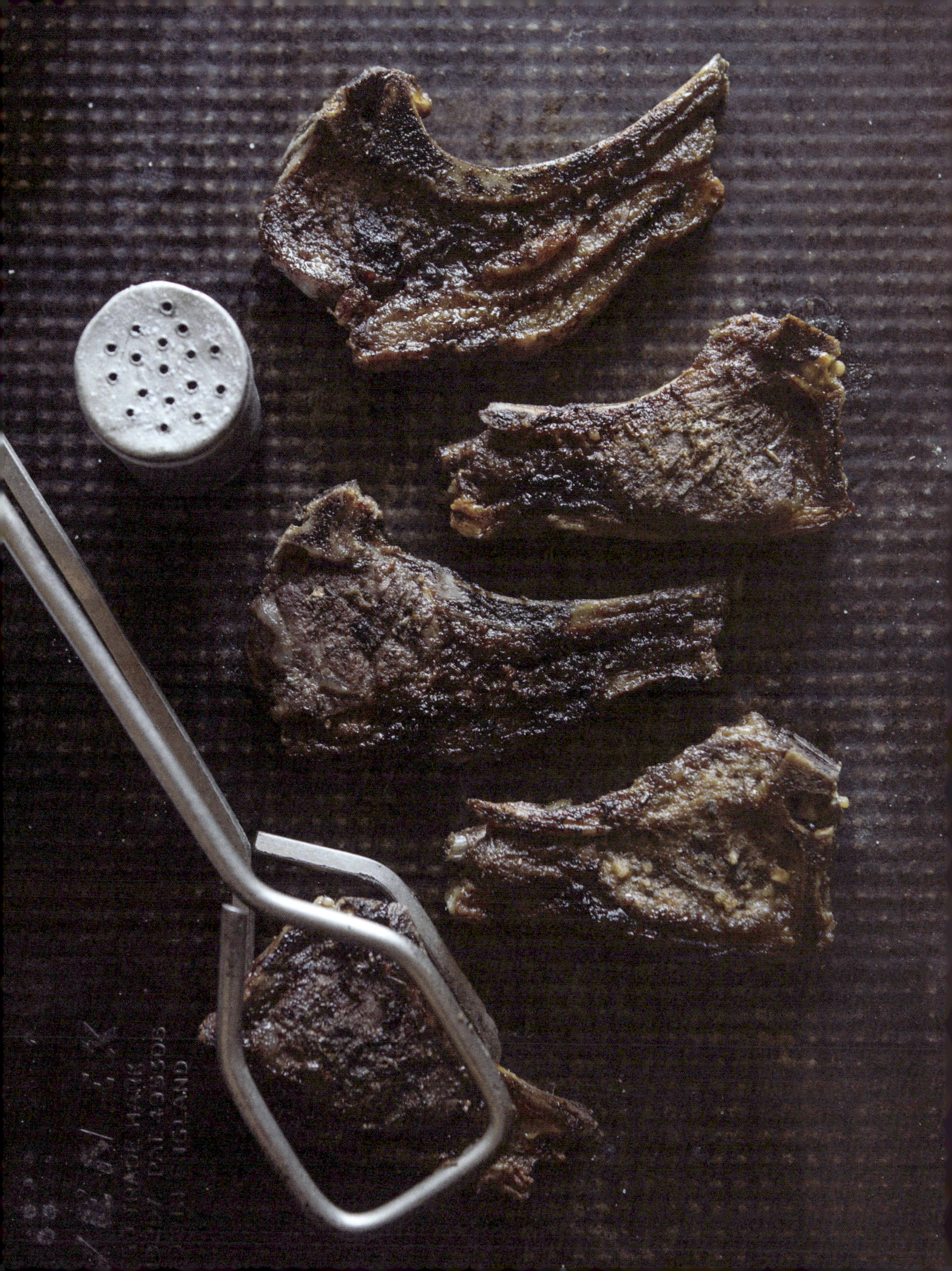

Aartappelgereg

10   20 min.   60 min.   Suzie Strauss

20	aartappels, middelslag
500 ml	room
1 pakkie	*Potato Bake*
1 pakkie	wituiesoppoeier
125 ml	mayonnaise
125 ml	melk
	Gerasperde kaas

1. Skil aartappels en sny in klein blokkies en kook in soutwater tot halfgaar.
2. Dreineer die aartappels.
3. Meng room, *Potato Bake*, uiesop, melk en mayonnaise tot glad.
4. Skep 'n laag aartappels, 'n laag sous, weer aartappels en weer 'n laag sous in 'n oondbak (30x20 cm).
5. Strooi die gerasperde kaas bo-oor.
6. Bak vir 60 minute teen 180 °C.

Waaieraartappels

6   15 min.   60 min.

1 kg aartappels, middelslag
1 pakkie bruinuiesoppoeier
250 g botter of margarien

1. Skrop aartappels skoon en sny in kepe om 'n waaier te verkry. Plaas dit in 'n gesmeerde oondskottel.
2. Smelt die botter/ margarien en roer die soppoeier daarby. Giet dit bo-oor die aartappels.
3. Bedek met foelie en bak vir 60 minute teen 180 °C.
4. Haal foelie af en rooster tot bruin.

Kapokaartappels

4-6   15 min.   20 min.

8 aartappels, middelslag
130 ml botter
180 ml warm melk
Sout en varsgemaalde swartpeper

1. Skil aartappels en plaas in 'n kastrol, bedek met koue water en plaas op stoofplaat.
2. Bring water tot kookpunt en kook aartappels tot sag.
3. Dreineer in vergiettes.
4. Plaas een aartappel op 'n slag in aartappeldrukker en druk fyn in bak. Die aartappels moet nog baie warm wees wanneer dit fyngedruk word.
5. Voeg botter by en meng goed met 'n vurk.
6. Voeg melk by en meng goed met 'n vurk.
7. Geur met sout en peper en sit dit warm voor.

Variasie: Skep lepelsvol kapokaartappels op die rand van die skottel waarin die vleisgereg geskep word. Strooi paprika oor.

of

Skep kapokaartappels in 'n bakskottel, strooi fyngerasperde kaas oor en laat bruin word in 'n warm oond.

of

Voeg 6 medium aartappels (fyngemaak) by, 1 geklitste eier, 30 ml botter, 2 ml bakpoeier, sout en peper na smaak. Meng bestanddele deeglik saam. Vorm met 'n groot versierbuis of skep lepelsvol op 'n bakplaat. Bak goudbruin in 'n warm oond (200 °C).

Wenk
Maak die melk in die mikrogolfoond warm voor dit bygevoeg word; koue melk sal die aartappels laat afkoel.

Oondgebraaide Aartappels

4   10 min.   Stoof: 10 min.
                Oond: 60 min.

    8   aartappels
250 ml   sonneblomolie
          Growwe sout

1. Verhit oond tot 200 °C.
2. Skil aartappels en halveer. Plaas in kastrol en bedek met koue water. Sit op stoofplaat en bring water tot kookpunt. Kook vir 5 minute en dreineer in vergiettes.
3. Gooi olie in die oondbak en verhit vir 'n paar minute in die oond.
4. Skep aartappels in warm olie en sit die bak terug in die oond.
5. Na 45 minute sal die aartappels al effens goudbruin word.
6. Draai aartappels om en plaas terug in die oond.
7. Oondbraai vir nog 15 minute tot bros en goudbruin.
8. Dreineer op kombuispapier.
9. Skep in opdienbak en geur met growwe sout.

Wenk
Klaargeskilde aartappels moet in water gehou word, anders verkleur dit.

Paptert

6-8   60 min.   30 min.

Pap:
- 2 ½ k mieliemeel
- 4 k water
- 5 ml sout
- 30 ml botter
- 1 blik heelpitsuikermielies

1. Giet water in 'n potjie, voeg sout en botter by en bring tot kookpunt.
2. Giet mieliemeel by om 'n hopie in die middel van die pot te vorm, maar moenie roer nie.
3. Verminder hitte, plaas deksel op potjie en laat pap vir 5 minute prut.
4. Roer liggies met 'n vurk, plaas deksel terug en prut tot gaar vir nie meer as nog 'n uur nie.
5. Voeg mielies by en roer deur.

Sous:
- 1 blik tamatie-en-uiesmoor
- 125 ml blatjang
- 10 ml suiker
- 5 ml worcestersous speserye
- 2 ml mosterdpoeier

1. Meng sousbestanddele in kastrol en verhit.
2. Laat 'n bietjie afkoel.

Vulsel:
- 250 g spekvleis
- 250 g sampioene
- 125 ml room
- 250 ml gerasperde chedderkaas
- Varsgemaalde swartpeper

1. Sny spekvleis en braai in spekvet tot bros in 'n swaarboompan.
2. Sny sampioene by en braai liggies.
3. Roer room en peper by.
4. Plaas pap in oondvaste bak van 30x20 cm, smeer tamatielaag oor, voeg sampioenvulsel bo-oor.
5. Strooi kaas oor.
6. Bak omtrent 30 minute teen 180 °C.
7. Bedien saam met braaivleis.

Pampoentert

6   15 min.   30 min.

1 k	bruinsuiker
½ k	botter, gesmelt
3	eiers
3 k	pampoen, fyn en gaar
100 ml	koekmeel
15 ml	bakpoeier
5 ml	sout
2,5 ml	kaneel

1. Voorverhit oond tot 180 °C.
2. Klits suiker, botter en eiers saam tot glad en goed gemeng.
3. Roer die fyn pampoen by die eiermengsel in.
4. Sif die meel, bakpoeier, sout en kaneel saam en roer dit by die mengsel in.
5. Skep in 'n gesmeerde tertbak (30x20 cm).
6. Bak vir 30 minute.

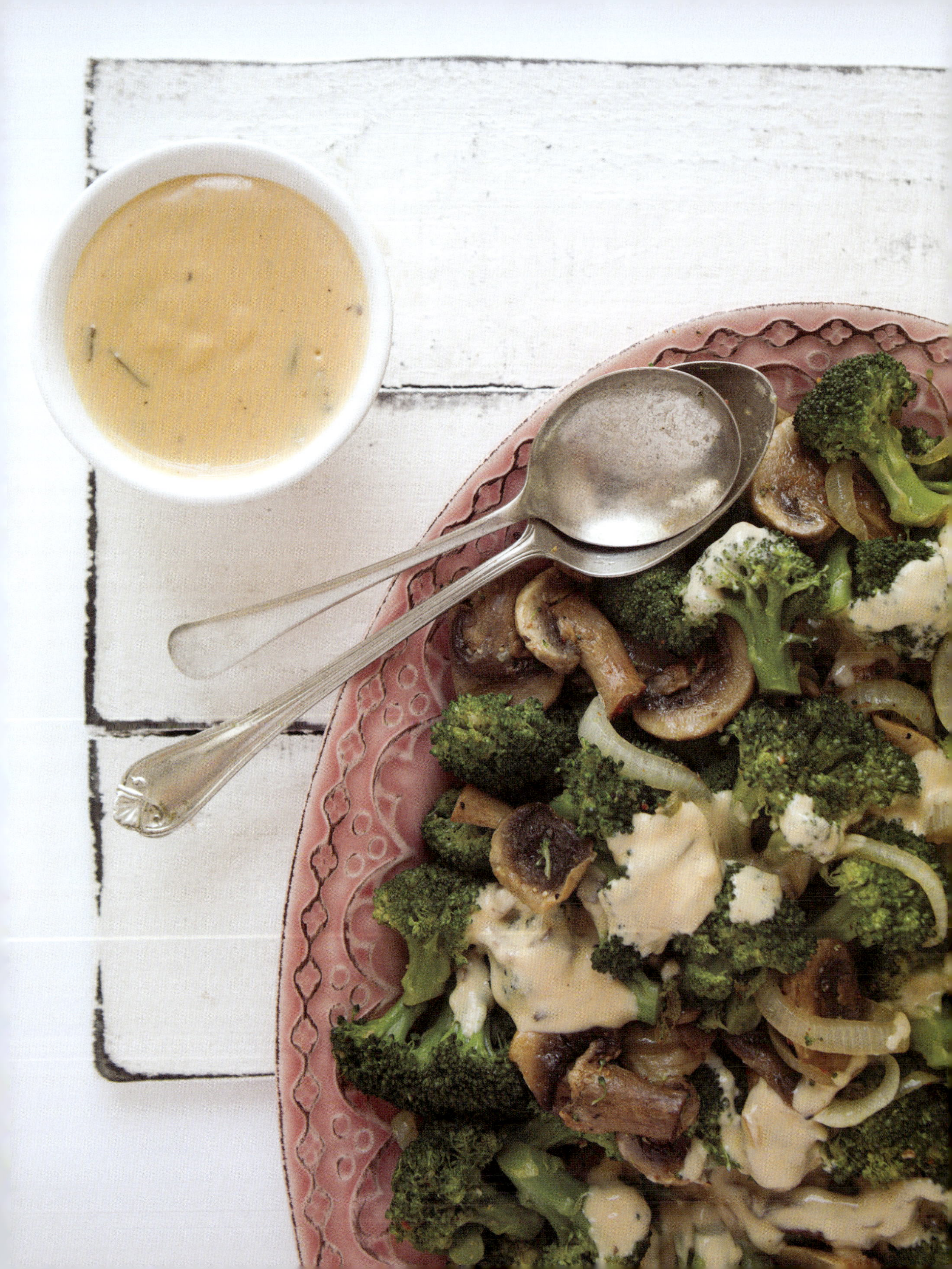

Brokkoligereg

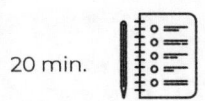

8   20 min.   20 min.   Elize Immink

1 kg	brokkoli
50 ml	kookolie
1	ui, gekap
2	knoffelhuisies
300 g	sampioene
1 blik	sampioenroomsop
250 g	cheddarsmeerkaas
5 ml	worcestersous

1. Kook brokkoli sag, maar nie pap nie.
2. Kneus die knoffelhuisies en sny die sampioene in skywe.
3. Soteer die uie en knoffel in verhitte kookolie.
4. Voeg die sampioene by en soteer.
5. Voeg brokkoli by en meng liggies.
6. Skep in opdienbak en hou eenkant.
7. Gooi sampioenroomsop, smeerkaas en worcestersous in 'n kastrol.
8. Laat dit stadig prut tot warm.
9. Giet oor warm brokkoli en bedien.

Aspersiegereg

4   20 min.   30 min.   Lulu Koster

1 blik	aspersies, gedreineer
125 g	cheddarkaas
2	eiers, geklits
2,5 ml	mosterdpoeier
1	ui, gekap
250 ml	melk
10 ml	koekmeel
	Sout en peper na smaak

1. Voer 'n oondskottel se bodem met aspersies uit.
2. Meng die res van die bestanddele en giet dit bo-oor.
3. Bak vir 30 minute teen 180 °C.
4. Kan as 'n ligte aandete bedien word.

Boontjiegereg

4-6 | 20 min. | 20 min. | Annalie Swanepoel

25 ml	kookolie
1	ui, fyngekap
5 ml	roosmaryn, varsgekap
1	knoffelhuisie, gekneus
400 g	groenboontjies, gekerf
125 ml	aftreksel
150 g	bruinsampioene
25 ml	sjerrie
75 ml	suurroom
	Sout en gemaalde swartpeper

1. Vee die bruinsampioene af en sny in skywe.
2. Verhit olie en soteer die ui daarin.
3. Voeg roosmaryn, knoffel en boontjies by.
4. Meng 'n paar minute liggies, voeg aftreksel en geurmiddels by.
5. Bedek half en prut tot sag.
6. Roer af en toe.
7. Vloeistof behoort na 15 minute geabsorbeer te wees.
8. Voeg sampioene en sjerrie by.
9. Laat staan nog 2-3 minute op plaat terwyl geroer word.
10. Skep in 'n opdienbak en roer suurroom in.
11. Plaas in die oond op 'n lae temperatuur om goed te verwarm.

Mieliegereg

6-8 | 20 min. | 40-45 min. | Corlia Smuts

60 ml koekmeel
15 ml bakpoeier
60 ml suiker
60 ml margarien
4 eiers
2 blikke geroomde suikermielies

1. Sif die meel en bakpoeier saam.
2. Klits die eiers en sit eenkant.
3. Smelt die margarien.
4. Voeg die eiers, margarien, suiker en mielies by die meelmengsel.
5. Skep uit in 'n gesmeerde bak (30x20 cm) en bak 40-45 minute teen 180 °C.

ek het gedink ek het al uit
kanse gehardloop, toe
hardloop my hart vas in jou
jou warm glimlag het my seer omhels
en jou oë het bo-oor my foute gekyk
ek het weer leer hoop op iets skynbaar
onbekombaar en my knieë het die
wenspad na jou hart met gebede geteer
en van vandag af en elke dag daarna
sal ek nie omgee om te glo in jou
of in ons nie, want jy
maak my hart weer oop.

– kaalwoorde

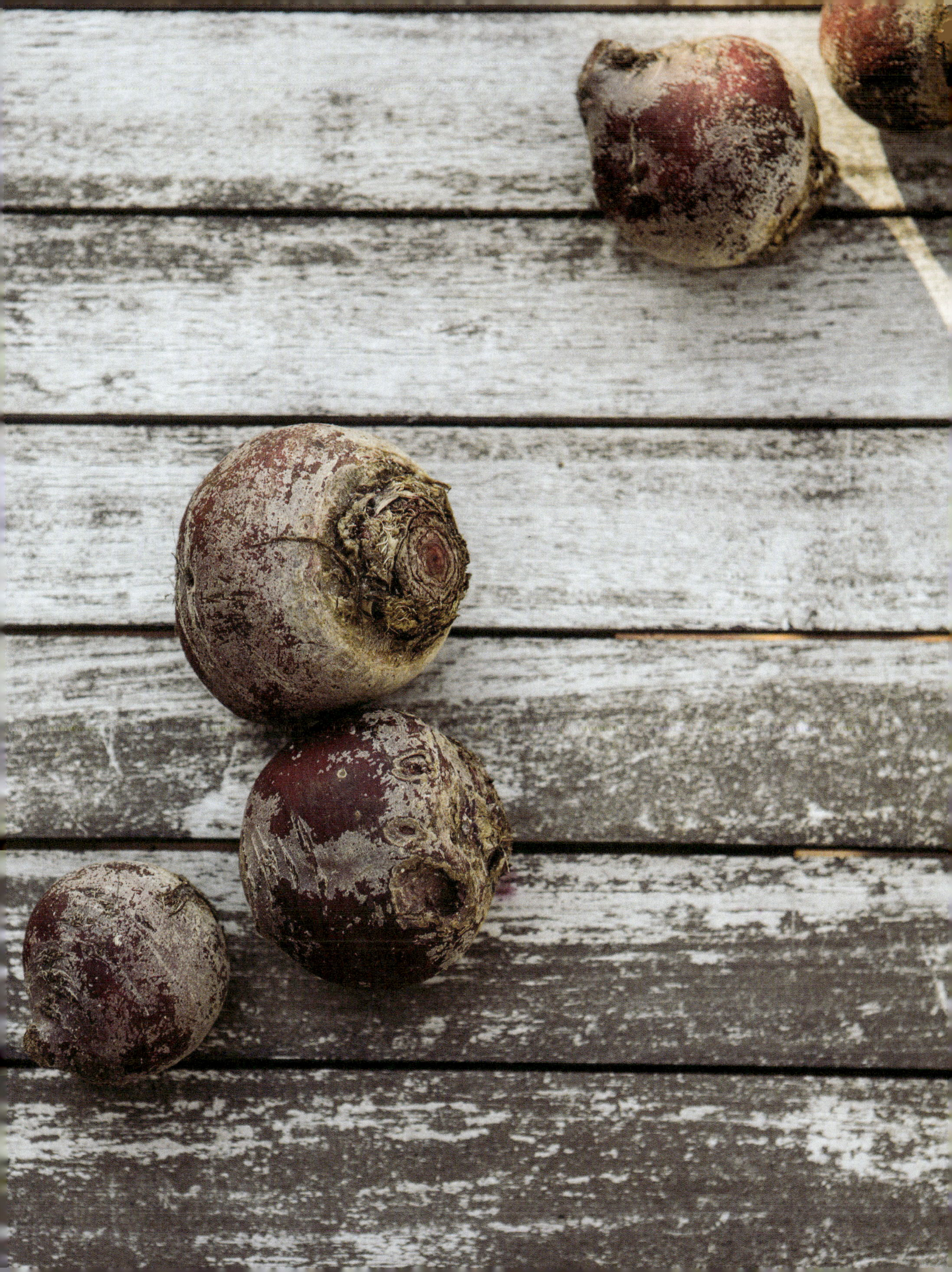

Ingelegde Beet

9 bottels, 290 ml elk | 60 min. | 15 min. | Mariaan de Jager

2 kg	beet, gerasper
2 k	uie, gekap
5 ml	sout
10 ml	kerriepoeier (Rajah), mediumsterkte
500 ml	bruinasyn
750 ml	suiker
40 ml	mielieblom (*Maizena*)

1. Kook beet met 'n bietjie water en suiker tot sag.
2. Skil die beet sodat al die velletjies verwyder is.
3. Rasper die beet en kap die uie fyn.
4. Smelt asyn en suiker in kastrol, voeg die kerriepoeier en sout by, roer die mielieblom in en bring tot kookpunt.
5. Gooi beet en uie by bogenoemde mengsel en prut vir 10 minute.
6. Maak seker die glasflesse is skoon vir inlê.
7. Indien onseker, was glasflesse met kookwater en laat dit droog word.
8. Bottel beet warm in die glashouers.
9. Laat in bottels afkoel en sit die deksels op.

Wenk
2 kg beet is ongeveer 6-8 koppies gerasperde beet.

Koperpennieslaai

🍴 10   🕐 20 min.   🔲 5 min.

1 kg	wortels, geskil en in skyfies gesny
2	uie, in ringe gesny
1	groenrissie, ontpit en in ringe gesny

Sous:

80 g	tamatiesop
250 ml	water
200 ml	asyn
80 ml	worcestersous
125 ml	kookolie
250 ml	suiker
7 ml	mosterdpoeier
5 ml	Aromat
	Sout en peper na smaak

1. Kook wortels tot halfgaar, maar nie pap nie, spoel af onder koue water en laat heeltemal afkoel.
2. Pak 'n laag wortels, dan 'n laag uie en rissies, herhaal. Eindig met wortels bo.

1. Kook bestanddele van sous vir 2 minute goed saam en gooi kokend oor die wortelslaai. Bedek die wortels goed met sous.
2. Maak dit toe en plaas in yskas vir minstens twee dae voor gebruik.

Chinese Koolslaai

10 | 20 min. | Wagtyd: 2 ure

½ k	olie
½ k	suiker
¼ k	witasyn
5 ml	sojasous
1 blokkie	hoenderaftreksel, opgelos in
1 koppie	warm water
1	rooikool, fyngesny
1 pakkie	Chinese noedels (*Two Minute Noodles*), rou
1 pak	amandelskywe
1	sprietui, gekap
½ k	sonneblomsaad (opsioneel)

1. Meng die slaaisousbestanddele – olie, suiker, witasyn, sojasous en hoenderaftreksel.
2. Breek 'n pakkie droë Chinese noedels op 'n bakplaat en rooster saam met die amandels tot ligbruin.
3. Voeg kool, noedels, amandels, sonneblomsaad en ui saam in 'n bak en gooi sous oor.
4. Laat staan ten minste 2 ure in die yskas sodat die geure kan versterk.

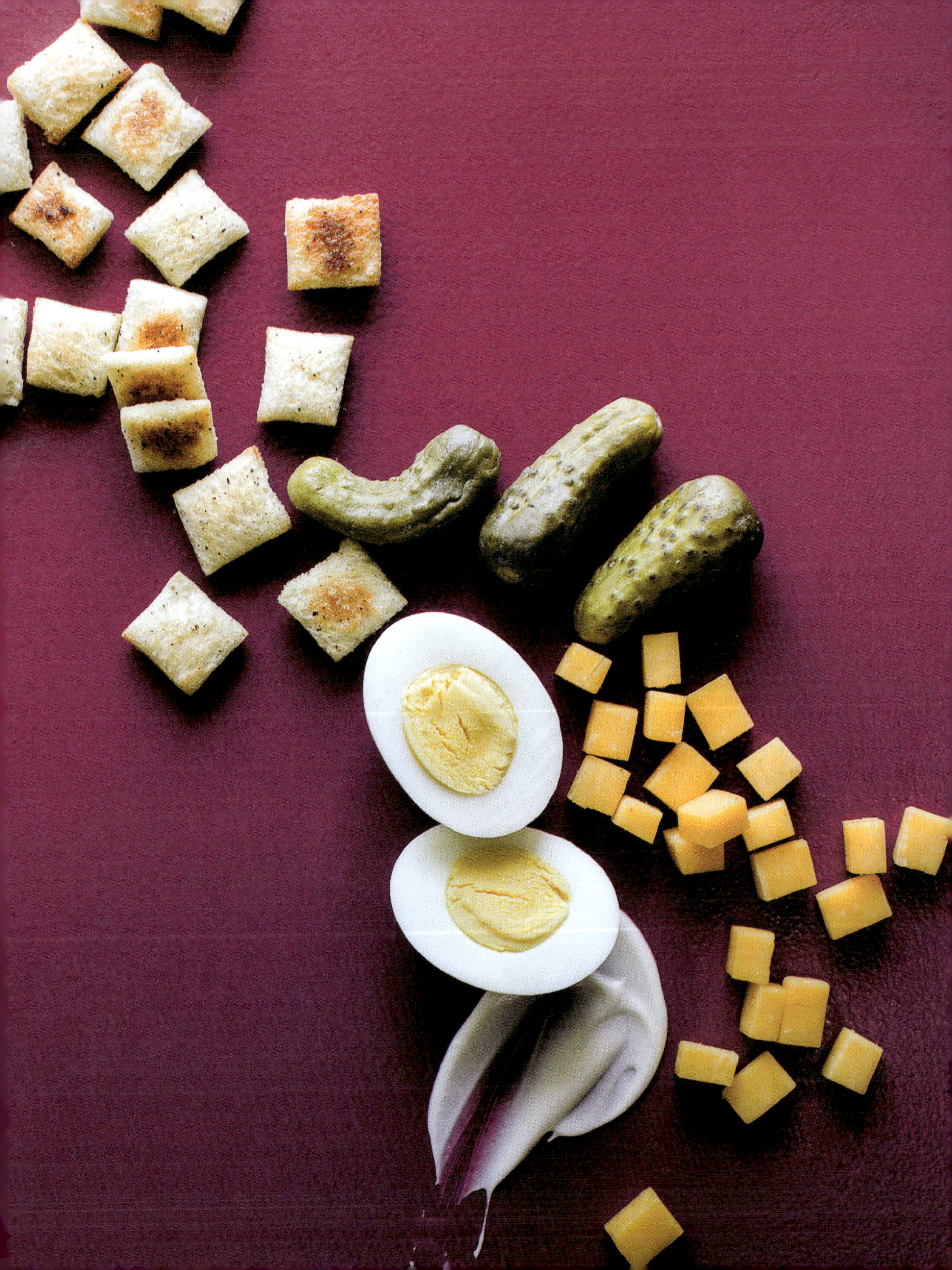

Broodslaai

8   30 min.   10 min.

10	snye brood, croutons
1 k	cheddarkaas, in blokkies gesny
3	eiers, hardgekook en fyngesny
½ k	agurkies

Sous:

4	eiers
60 ml	suiker
15 ml	mosterdpoeier
25 ml	water
50 ml	witasyn
125 ml	mayonnaise

1. Maak broodcroutons van 10 snye brood.
2. Maak die mosterdpoeier met koue water en asyn aan.
3. Klits eiers en suiker saam, verhit oor matige hitte saam met die mosterdmengsel totdat dit dik word – dikte van mayonnaise.
4. Koel af en roer mayonnaise by.
5. Gooi oor die slaai en bedien dadelik.

Kruie & Speserye

Basiliekruid (*Basil*): tamatie, eier, kaas, skaap, visgeregte en slaaie
Borrie (*Turmeric*): kerrie, geelrys
Bronslaai (*Watercress*): slaaie
Brandrissie (*Chilli*): sterkgegeurde vleis-, vis- en groentegeregte

Dragon (*Tarragon*): lamsvleis, vissouse en piekels
Dille (*Dill*): piekels, slaaisous, vis- en eiergeregte, ook op toebroodjies

Gerookte Paprika (*Smoked Paprika*): bees-, lam- en tamatiegeregte
Gemmer (*Ginger*): soetgebak, kerriegeregte, soetsuur vleisgeregte, groente
Grasuie (*Chives*): slaaie, sop, souse en doopsouse

Italiaanse kruie (*Italian herbs*): tamatiegeregte, rooivleis

Kaneel (*Cinnamon*): souse, vrugtegeregte, soetpatats, soetpampoen, nageregte, soetgebak
Kappertjiesaad (*Capers*): vis en ander seekosse
Knoffel (Garlic): vleis, vis, groente en slaaie
Koljander (*Coriander*): vleis, kerriegeregte, droëwors en biltong

Lourierblare (*Bay leaves*): sop, bredies, maalvleis, bobotie, piekels, vis en pastas

Ment (*Mint*): groente-, vis- en skaapgeregte
Moederkruid (*Marjoram*): sop, bredies en vleisvulsels
Mostord (*Mustard*): vleis, vis, groente, souse en sop

Naeltjies (*Cloves*): hoender-, bees- vark-, vis- en wildsvleisgeregte
Neutmuskaat (*Nutmeg*): vleis, groente en soetgebak

Origanum (*Oregano*): sop, bredies, slaaie, Italiaanse geregte, o.a. pizzas en pastas

Paprika: vleisgeregte, groente en slaaie
Peperwortel (*Horseradish*): gebraaide bees en skaap
Pietersielie (*Parsley*): sop, vleis, vis, groente, soutgebak, pastas en slaaie
Pimento (*Allspice*): bredies

Rissiepeper (*Cayene Pepper*): kaas- en eiergeregte
Roosmaryn (*Rosemary*): vleisgeregte, hoender, sop en souse

Safraan (*Saffron*): rys, vulsels en vleis
Salie (*Sage*): vulsels vir vleis en hoender

Tiemie (*Thyme*): vleis (skaap en hoender), groente en sop

Vinkel (*Fennel*): groente, slaaie en visgeregte

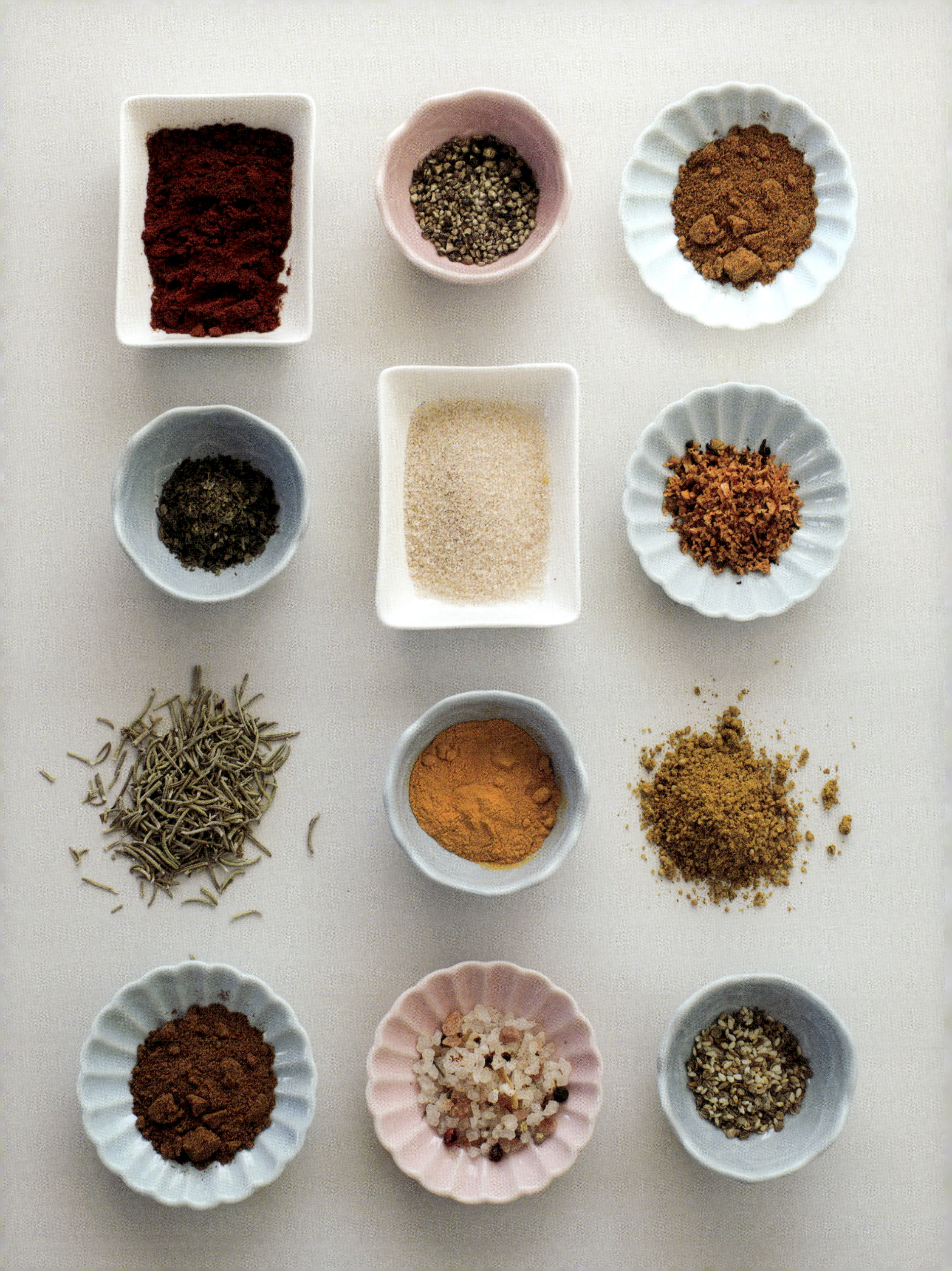

Semelroombeskuit

2 kg · 15 min. · 60 min. Droog oornag uit · Surene Lombaard

500 g	bruismeel
500 g	volkoringmeel (*Nutty Wheat*)
15 ml	bakpoeier
4 k	semels
2 k	All Bran
2 k	Weet-Bix, fyngemaak
500 ml	suiker
5 ml	sout
500 g	margarien
500 ml	melk
500 ml	room

1. Laat margarien buite staan om sag te word.
2. Plaas alle droë bestanddele in 'n skottel.
3. Meng die nat bestanddele stadig daarby in.
4. Bak vir 60 minute teen 180 °C in 'n oondpan (35x25x5 cm). Verminder die tyd vir 'n vlakker pan.
5. Laat afkoel voor dit gesny word.
6. Sny in stukke en droog teen 100 °C oornag uit in die oond.

Wenk

Indien 'n lou-oond ontbreek, droog in 'n gewone oond teen 100 °C uit. Moenie die oonddeur heeltemal toemaak nie. Sit 'n opgerolde vadoek in om te keer dat die deur toeslaan by 'n oond waarvan die deur nie vanself oopbly nie.

Sit beskuit direk op die oondrak sodat dit van bo en onder hitte vir uitdroging kry.

All Branbeskuit

2 kg | 10 min. | 45 min. Droog oornag uit

2 k	suiker
500 ml	karringmelk
4 ½ k	All Bran
3	eiers
1 kg	bruismeel
500 g	margarien
5 ml	sout
5 ml	bakpoeier

1. Los margarien buite om sag te word.
2. Voorverhit die oond tot 180 °C.
3. Klop karringmelk, suiker en eiers goed saam.
4. Voeg sagte margarien by eiermengsel.
5. Voeg droë bestanddele by en meng.
6. Skep in 'n oondpan (35x25x5 cm) en bak 45 minute.
7. Laat afkoel voor dit gesny word.
8. Droog teen 100 °C oornag uit in die oond.

Vrystaatse Knope

15 knope — 90 min. — 30 min.

1 kg	koekmeel
10 ml	sout
20 g	droë kitsgis
1½ k	suiker
150 g	botter of margarien
2 k	melk
2	eiers

1. Verhit die melk tot louwarm.
2. Gebruik 100 ml van die melk, strooi die kitsgis oor die melk, voeg 10 ml suiker by en laat staan totdat gis skuim maak en borrel.
3. Sif meel en sout saam.
4. Voeg res van die suiker by die meelmengsel.
5. Vryf die botter met jou vingers by die meelmengsel in.
6. Klits die eiers by die melkmengsel in.
7. Maak 'n holte in die deeg en voeg die louwarm melkmengsel en die gis by die droë bestanddele.
8. Meng en knie ongeveer 10 minute tot 'n sagte, elastiese deeg vorm.
9. Dit is belangrik om die deeg te knie vir die volle 10 minute.
10. Plaas die bal deeg in 'n bak wat met olie gesmeer is en bedek met kleefplastiek.
11. Laat staan in 'n warm area vir 45 minute of tot dubbel die volume gerys.
12. Knie tot 'n elastiese deeg vorm en verdeel in 15 bolletjies.
13. Rol die bolletjies tussen jou hande tot ongeveer 25 cm lank en knoop die deeg soos 'n mens 'n lint sou knoop - links oor regs en trek deur.
14. Plaas die knope op 'n gesmeerde bakplaat.
15. Laat rys vir 30-40 minute.
16. Bak vir 30 minute teen 180 °C.

Wenke

Die rede hoekom 'n mens deeg knie, is om die bestanddele te versprei en die glutendrade te versterk en ontwikkel. Klewerige deeg raak ook meer elasties en sag soos jy dit knie. As dit te klewerig is, hou aan knie tot dit nie meer aan jou hande vasklou nie.

In die winter kan jy deeg in die oond laat rys – voorverhit die oond tot 65 °C en sit dadelik af, wag so 'n paar minute en plaas deeg binne-in die oond. Hou die deur 'n entjie oop.

Paasbolletjies

12 | 90 min. | 20 min. | Judy Schellingerhout

330 ml	warm melk
20 g	kitsgis
4 k	koekmeel
15 ml	gemengde speserye
5 ml	kaneel
5 ml	sout
80 g	botter of margarien
115 g	sultanas
65 g	strooisuiker
1	groot eier
	'n Knippie gemmerpoeier
	'n Knippie neutmuskaat

Kruis:

70 g	koekmeel
15 ml	strooisuiker
75 ml	water

Glaseersel:

30 ml	melk
30 ml	strooisuiker
3 ml	gemengde speserye

1. Strooi gis oor warm melk en laat staan tot skuimagtig – dit begin borreltjies maak.
2. Klits die eier by die melkmengsel.
3. Sif die meel, sout, gemengde speserye, kaneel, gemmerpoeier en neutmuskaat saam.
4. Vryf die botter in die meelmengsel in.
5. Meng die sultanas en die strooisuiker in die meelmengsel.
6. Gooi die eiermengsel oor die meelmengsel.
7. Knie vir 10 minute tot die deeg sag en elasties is.
8. Plaas in bak gesmeer met olie, bedek met kleefpastiek en vadoek en laat rys tot dubbel die volume (ongeveer 45 minute).
9. Voorverhit die oond 190 °C.
10. Knie die deeg af en knie vir 'n verdere 2 minute.
11. Verdeel in 12 ronde paasbolletjies – gholfbalgrootte ongeveer 80 g.
12. Plaas in gesmeerde bakplaat (35x25 cm) stewig langs mekaar.
13. Laat staan op 'n warm plek om weer te rys vir ongeveer 20 minute.
14. Meng die bestanddele van die kruise en plaas in versieringsak. Spuit dun kruise bo-oor die bolletjies. Die gaatjie van die sak moenie groter as 5 mm wees nie.
15. Bak in oond vir 10 minute teen 190 °C.
16. Verlaag hitte na 180 °C en bak nog 'n verdure 10 minute.
17. Verhit al die bestanddele saam vir die glasering en verf oor warm bolletjies as dit uit die oond kom.
18. Laat 'n klein bietjie afkoel en verf weer oor 5 minute later.

Variasie: Vervang sultanas met 100 g sjokolade en 50 g rosyne.

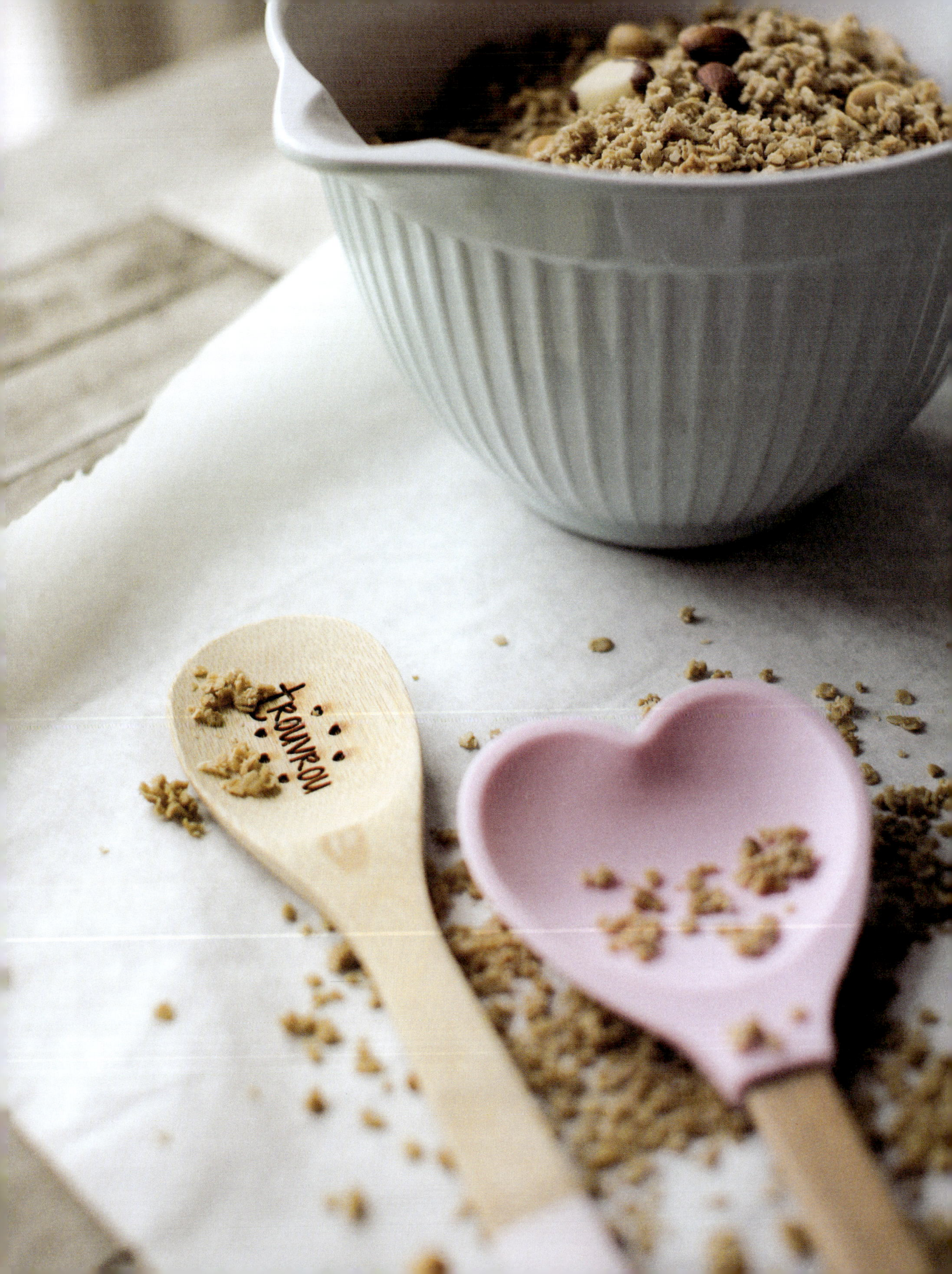
TROUVROU

Granola

1,5 kg   20 min.   Oornag

8 k	hawermout
2 k	klapper
1 k	gemengde neute
2 k	bruinsuiker
1 k	warm water
1 k	olie
5 ml	vanieljegeursel

1. Meng die hawermout, klapper en neute in 'n bakkie.
2. Meng die bruinsuiker, warm water, olie en vanieljegeursel; giet dan oor die hawermoutmengsel.
3. Meng alles saam.
4. Versprei die mengsel op 'n groot bakplaat.
5. Maak die oond goed warm en skakel dit dan af. Sit die bakplaat met mengsel onmiddellik in die warm oond om te bak en uit te droog. Meng gereeld.
6. Droog dit oornag in die lou-oond heeltemal uit.
7. Stoor in 'n lugdigte houer in 'n koel area tot benodig.

Dadelbrood

250 g	dadels, fyn gesny
5 ml	koeksoda
500 ml	kookwater
125 g	sagte botter
2	eiers, geklits
150 ml	suiker
5 ml	vanieljegeursel
500 ml	koekmeel
10 ml	bakpoeier
3 ml	sout
100 g	okkerneute of pekanneute, (opsioneel)

1. Voorverhit die oond tot 180 °C.
2. Sprinkel die koeksoda oor die dadels, gooi die kookwater oor en laat dit afkoel.
3. Roer die sagte botter by.
4. Klits die suiker by die eier en klits tot die suiker opgelos is. Voeg die vanieljegeursel by en roer dit by die dadelmengsel.
5. Meng en sif die droë bestanddele saam en roer die twee mengsels en neute bymekaar.
6. Skep die beslag in 'n gesmeerde broodpan (30x12x5 cm) en bak 60 minute lank in 'n matige oond.

Hierdie resep wil ek aan my pa opdra - sy gunsteling! Mis jou...

Gesondheidsmuffins

40 | 20 min. | 30 min.

6 k	semels
2 k	kookwater
250 g	margarien, gesmelt
3 k	bruinsuiker
4	geklitste eiers
1 ℓ	karringmelk
25 ml	koeksoda
625 ml	koekmeel
625 ml	volkoringmeel (*Nutty Wheat*)
10 ml	sout

1. Voorverhit die oond tot 180 °C.
2. Meng die semels en kookwater, voeg gesmelte margarien by.
3. Klits eiers, suiker en 750 ml karringmelk saam.
4. Voeg by die semelmengsel.
5. Meng koeksoda met oorblywende karringmelk en voeg by die mengsel.
6. Voeg meel, volkoringmeel en sout by die mengsel.
7. Skep uit in 'n gesmeerde muffinpan.
8. Bak vir 30 minute.
9. Lewer sowat 40 muffins.
10. Kan gevries word.

Opsioneel: Voeg 1 k rosyne/ dadels/ piesangs by.

Amandelcroissants

4-6   15 min.   15 min.   Reneé du Toit

4-6	croissants
30 ml	strooisuiker
45 ml	donker rum (opsioneel)
250 ml	water
100 g	strooisuiker
100 g	amandelpoeier of fyn amandels (Messaris *Ground Almonds*)
100 g	ongesoute botter, gesmelt
2	eiers
80 ml	gekapte amandels (opsioneel)
10 ml	amandelvlokkies
	Versiersuiker vir versiering
	'n Knippie sout

1. Voorverhit die oond tot 180 °C.
2. Gooi water, 30 ml strooisuiker en rum in 'n pan, bring stadig tot kookpunt oor matige hitte, prut en roer aanhoudend tot suiker oplos.
3. Verwyder van hitte af, en gooi in vlak sopbak of bord en laat die stroop afkoel.
4. Meng strooisuiker, fyn amandels en sout met klitser.
5. Voeg die botter by en meng goed.
6. Voeg dan eiers een vir een by en meng tot romerig.
7. Voeg ekstra gekapte amandels by.
8. Berei 'n bakplaat met bakpapier voor.
9. Sny croissants oop en doop elke croissant in die stroop aan albei kante.
10. Smeer min of meer 10 ml amandelvulsel aan die binnekant en ook min of meer 5 ml buite bo-op die croissants.
11. Sprinkel amandelvlokkies bo-op.
12. Berei ander croissants voor en sit op bakplaat in die oond en bak vir 12-15 minute tot bruin.
13. Haal uit die oond en sif 'n bietjie versiersuiker bo-oor.

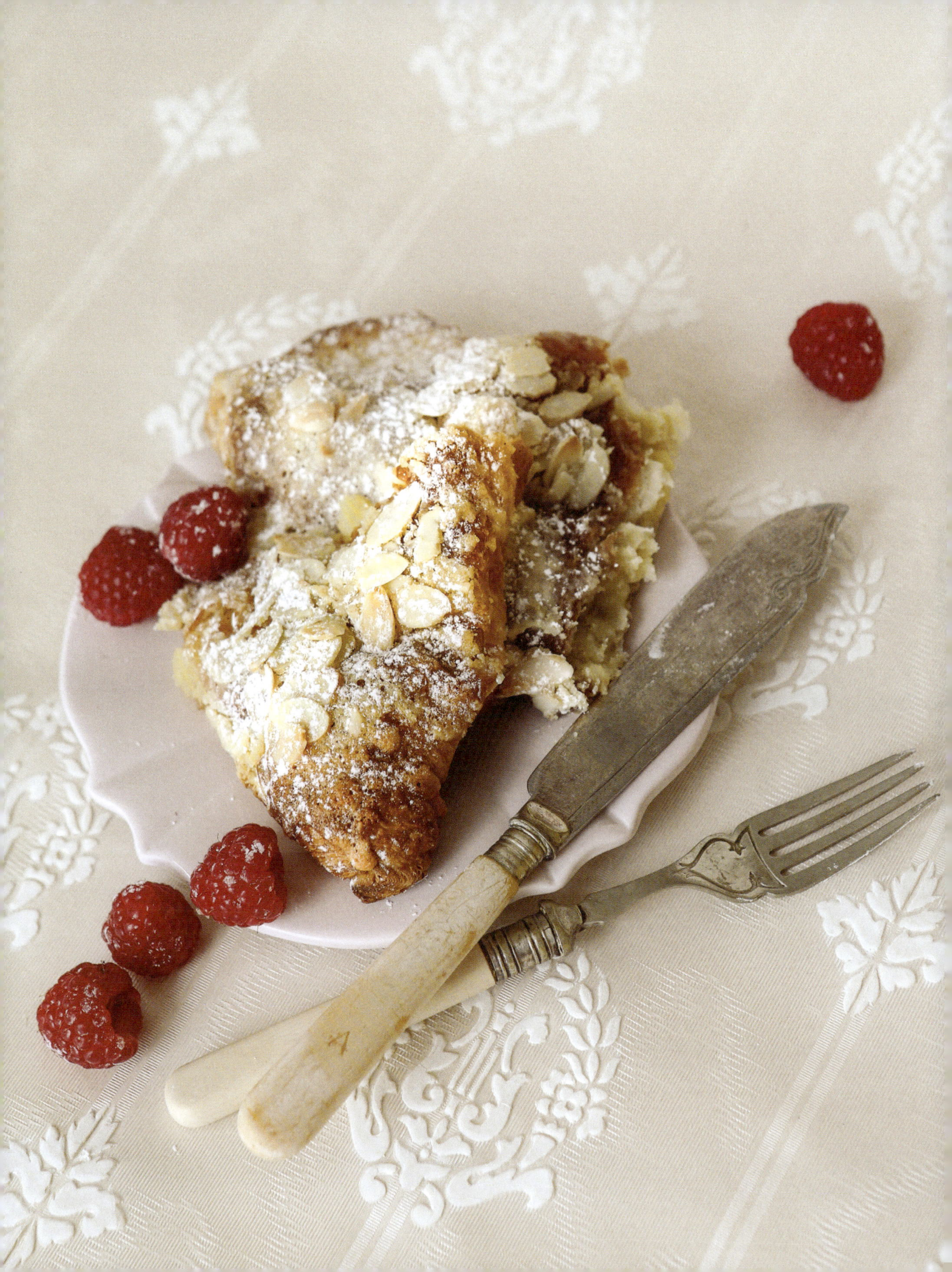

Skons

12   30 min.   12 min.

240 g	koekmeel
10 ml	bakpoeier
2 ml	sout
50 g	botter
1	eier
125 ml	melk
25 ml	suiker
1	eier (vir verf)

1. Smeer 'n bakplaat (33x45 cm).
2. Voorverhit die oond tot 220 °C.
3. Sif die meel, bakpoeier en sout saam. Sny botter in kleiner blokkies en vryf by die meelmengsel in.
4. Klits die eier, melk en suiker saam en sny die eiermengsel by die meelmengsel in om aan te klam.
5. Rol die deeg 15-20 mm uit.
6. Druk sirkels met 'n koekiedrukker (6 cm) uit en plaas dit op die gesmeerde bakplaat. Druk die orige deeg liggies bymekaar en druk weer skons uit.
7. Klits die ander eier en verf bo-op elke rou skon.
8. Bak vir 10-12 minute.

Botterskorsiesop

4-6   20 min.   20 min.

45 ml	botter
2	uie, gekap
500 g	botterskorsie-blokkies
1	Granny Smith-appel
10 ml	kerriepoeier (Rajah), mediumsterkte
1 ml	neutmuskaat
750 ml	hoenderaftreksel
45 ml	koekmeel
375 ml	melk
2 ml	sout
15 ml	suiker

1. Smelt die botter in 'n kastrol en soteer die uie daarin tot sag.
2. Voeg die botterskorsies, appel, kerriepoeier en neutmuskaat by en braai vir ongeveer 2 minute.
3. Voeg die hoenderaftreksel by, sit deksel op kastrol en kook botterskorsies tot sag.
4. Maak die meel met sowat 20-30 ml melk aan. Maak seker daar is geen klonte in nie.
5. Voeg die meelmengsel by en roer vinnig. Voeg nou ook die res van die melk by, roer en kook verder vir ongeveer 10 minute.
6. Geur met sout, peper en 'n bietjie suiker na smaak.
7. Verwyder van hitte en versap die sop in 'n versapper.
8. Bedien met room.
9. Vries, indien nie dadelik bedien word nie.

Wenk
2 blokkies opgeloste hoenderaftreksel is ongeveer 750 ml.

Biltongsop

6-8   20 min.   15 min.   Annelien van Wyk

125 ml	botter/ margarien
2 blokkies	beesvleisaftreksel
10 ml	swartpeper, grof
2 ml	neutmuskaat
2 ml	koljander
500 ml	melk
200 ml	koekmeel
1,5 ℓ	kookwater
250 ml	cheddarkaas, grofgerasper
200 g	biltong, klam en fyngekerf
200 ml	room
50 g	fyn, droë biltong
45 ml	port of sjerrie
100 g	bloukaas of feta, gekrummel (opsioneel)

1. Smelt die botter in 'n swaarboomkastrol. Krummel die aftreksel by, asook die speserye.
2. Voeg die meel by. Verhit terwyl aanhoudend geroer word tot die meel begin prut.
3. Meng die melk en kookwater saam.
4. Roer stadig by die meelmengsel en verhit oor matige hitte tot dit begin verdik – dit is belangrik dat jy aanhoudend roer.
5. Verwyder van hitte.
6. Roer die kaas en die helfte van die nat biltong by. Voeg die droë biltong by. Moenie weer kook nie.
7. Hou warm tot opdiening. Roer die room en 'n bietjie port net voor opdiening by.
8. Krummel bloukaas bo-oor en sprinkel orige biltong bo-op.

Wenk
Vir dikker sop, vermeerder die koekmeel na 250 ml.

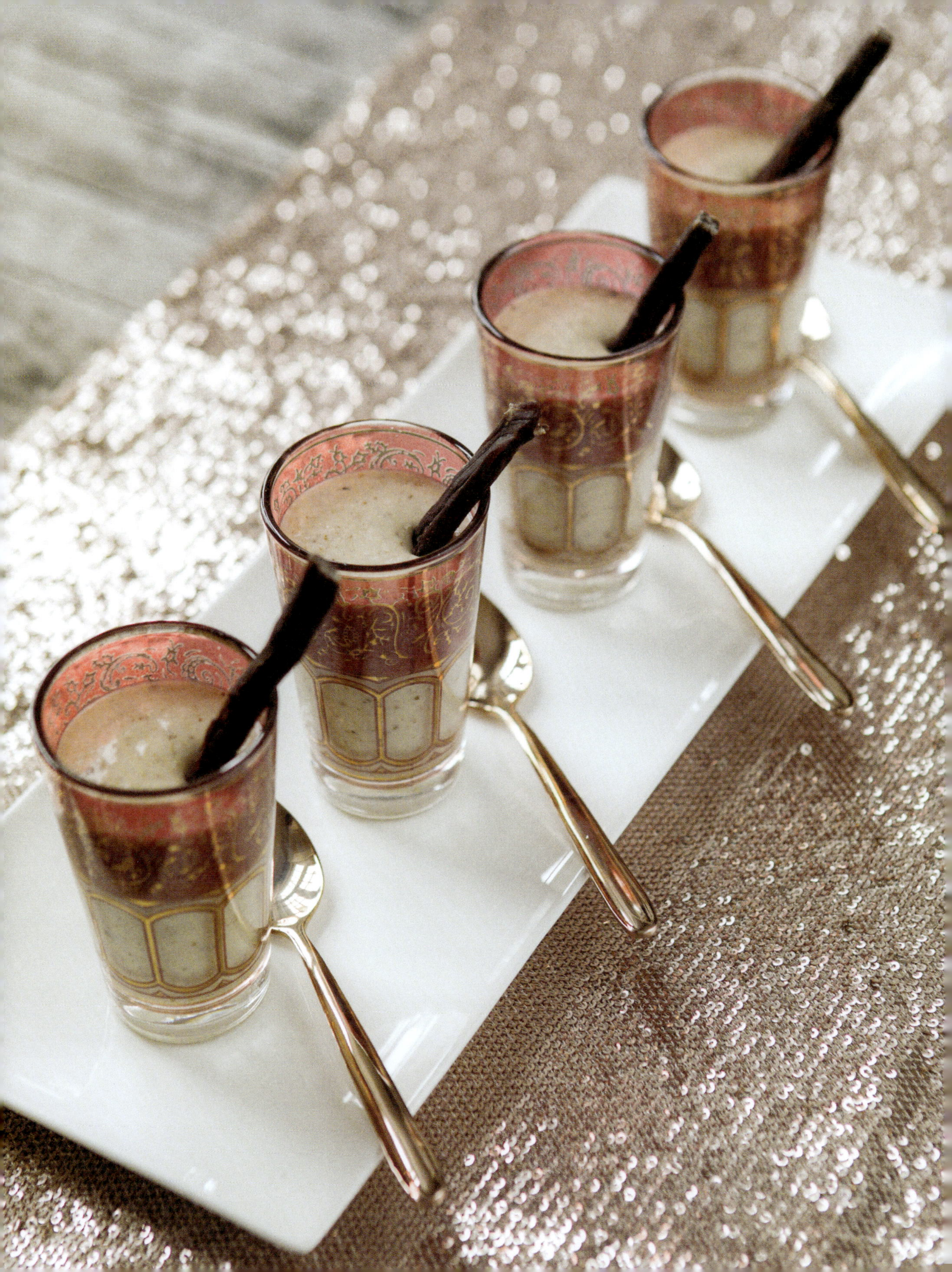

Wafels

6   15 min.   25 min.

500 ml	koekmeel
10 ml	suiker
15 ml	bakpoeier
2	eiers, geskei
375 ml	melk
60 ml	botter, gesmelt
	'n Knippie sout

1. Sif die meel, suiker, bakpoeier en sout saam.
2. Meng die eiergele met die melk en voeg dit dan by die droë bestanddele.
3. Klits die eierwitte styf.
4. Vou gesmelte botter en laastens, die styfgeklopte eierwitte in.
5. Skep in wafelpan en bak tot goudbruin.

Bar One-sous

500 ml   5 min.   10 min.

3 x 55 g	Bar One-stafies
1 blikkie	kondensmelk
250 ml	room

1. Smelt alles saam.
2. Bedien met wafels of roomys.

Shirazroomys

2 ℓ | 30 min. | 10 min. | Oornag

300 ml	Shiraz (rooiwyn)
1 blikkie	kondensmelk
1 blik	swartkersies, gedreineer en fyngekap
350 ml	room, styfgeklop
4	eierwitte, styfgeklop

Stroop:

30 ml	strooisuiker
250 ml	Shiraz
60 ml	room

1. Kook die wyn teen 'n hoë temperatuur tot 100 ml oorbly en stroperig lyk.
2. Vou die Shirazstroop, kondensmelk en kersies by die room in. Vou die eierwitte versigtig in.
3. Skep die mengsel in 'n plastiekhouer met 'n deksel en vries.

1. Smelt die suiker in die wyn en kook tot sowat 100 ml oorbly.
2. Voeg die room by en gooi warm oor die roomys.

Maklike Roomys

2 ℓ 15 min. 24 uur Petro Slabbert

1 blikkie karamelkondensmelk
1 blikkie ingedampte melk (*Ideal Milk*)
500 ml room

1. Plaas die room en ingedampte melk in die yskas tot koud.
2. Klits die ingedampte melk dik en meng met die kondensmelk.
3. Klits die room styf totdat dit puntjies vorm en vou by die mengsel in.
4. Voeg in plastiekbak en vries vir 24 uur.

Variasie: Vir 'n lekker alternatief, roer stukkies koeksister in wat fyngesny is.

Wenk
Roer dit so 'n paar keer deur gedurende die eerste paar ure om te keer dat dit yskristalle vorm.

Koekstruif (Trifle)

12   15 min.   60 min.

1	rolkoek of sponskoek
1	pakkie rooi of groen jellie
75 ml	sjerrie, rum of brandewyn
1 ℓ	vla (Ultra Mel)
100 g	pekanneute
250 ml	room, styfgeklop
100 g	sjokolade
	Vrugte van jou keuse, geskil en gesny

1. Maak die jellie volgens die aanwysings op die pakkie aan en laat dit stol.
2. Sny die rolkoek in wiele en plaas dit op die bodem van 'n glasbak.
3. Gooi die alkohol oor die rolkoek.
4. Sny die jellie in stukke en plaas dit bo-op die koek.
5. Pak die vrugte en vla in lagies; herhaal.
6. Sprinkel neute en bessies bo-oor.
7. Skep 'n laag styfgeklopte room oor.
8. Versier die bokant met neute en gerasperde sjokolade.
9. Plaas in die yskas en bedien koud.

Wenk
Bessies is ideaal, maar perskes en piesangs kan ook werk.

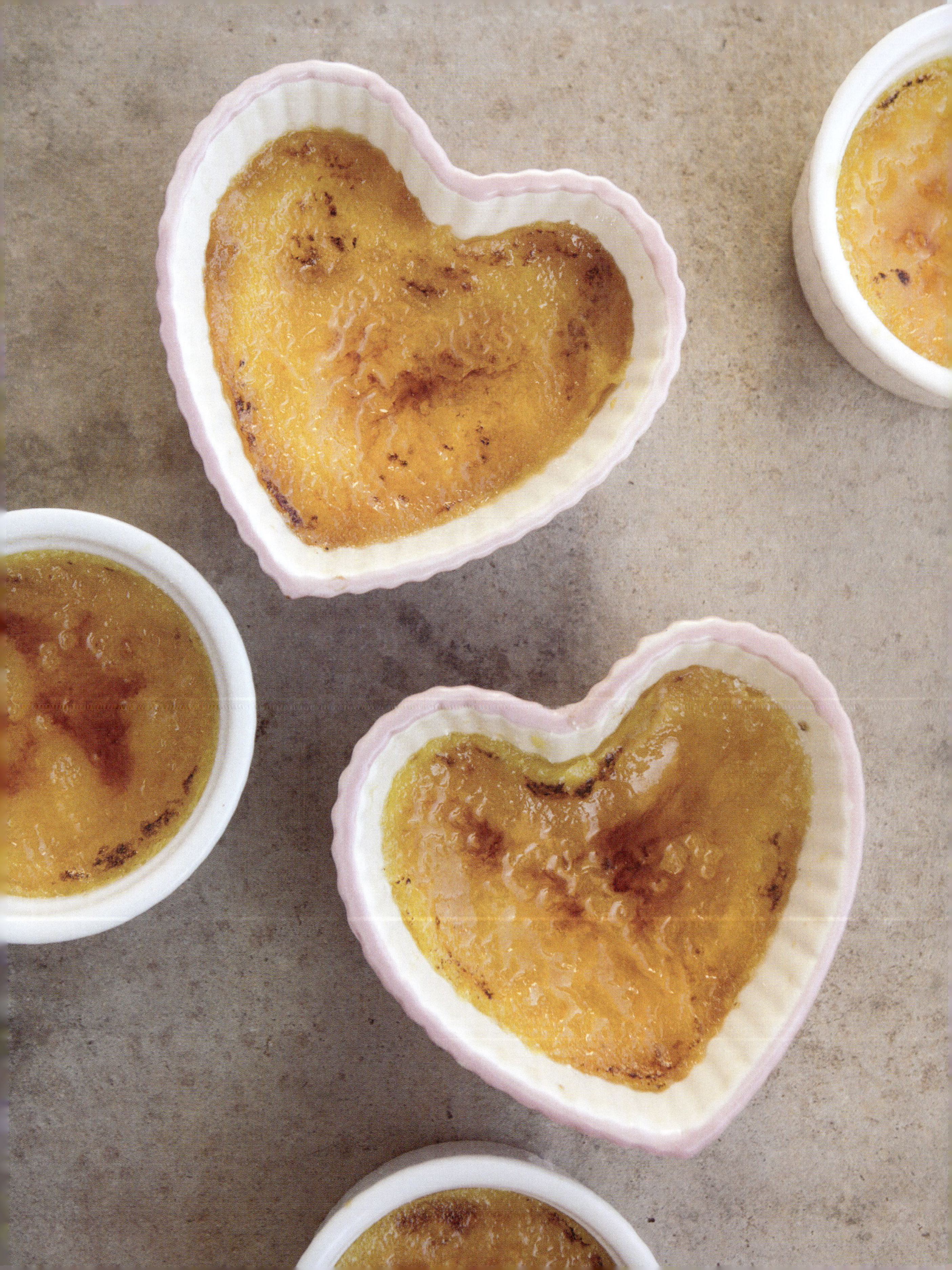

Crème Brulee

6 | 15 min. | 40 min. | 2-4 ure | Tielman le Roux

4	eiergele
60 ml	suiker
475 ml	room
5 ml	vanieljegeursel

1. Voorverhit die oond tot 180 °C.
2. Skei die 4 eiergele en gooi in 'n skoon bakkie.
3. Gooi die suiker in 'n ander bakkie. Voeg die room by die suiker en meng liggies met 'n draadhandklitser. Sit in die mikrogolf vir sowat 90 sekondes tot die suiker opgelos is.
4. Haal die room en suikermengsel uit die mikrogolf.
5. Klits eiergele liggies en roer by die roommengsel in.
6. Terwyl jy roer, voeg die vanieljegeursel by. Roer tot al die bestanddele goed gemeng is.
7. Sit die 6 koppies (oondbestand) waarin jy die Crème Brulee gaan bak, in 'n oondpan. Vul dit sowat ¾ vol met die mengsel. Plaas die oondpan met die koppies in die oond. Vul die oondpan met water om die koppies tot in die helfte te bedek.
8. Bak vir sowat 40 minute. Wanneer die Crème Brulee klaar is, sal dit nog 'n bietjie sag wees. Haal stadig uit die oond en laat dit vir 'n rukkie afkoel.
9. Plaas nou die Crème Brulee oornag in die yskas vir beste resultate.
10. Indien jy haastig is, sal 2-4 ure in die yskas dit redelik laat stol.
11. Voor bediening, sprinkel 'n lagie suiker bo-oor die Crème Brulee en blaas met 'n blaasvlam tot goudbruin.
12. Laat afkoel vir 'n paar minute en bedien met 'n paar skyfies aarbeie of framboos.

Tiramisu

10 | 20 min. | 2 ure | Heleen Yssel

60 ml	suiker
2	eiergele
375 ml	roomkaas
45 ml	suurroom
60 ml	brandewyn/ sjerrie
250 ml	room
250 ml	koffie, sterk
30 ml	suiker
200 g	vingerbeskuitjies
	Sjokoladepoeier of kakao

1. Room suiker en eiergele tot liggeel.
2. Voeg roomkaas en suurroom by (of Mascarpone).
3. Voeg 30 ml alkohol by.
4. Klits room styf en voeg by die mengsel.
5. Plaas mengsel in yskas en verkoel.
6. Meng koffie, suiker en 30 ml alkohol.
7. Doop vingerbeskuitjies in die koffiemengsel of bedruip die beskuitjies met die mengsel in 'n bak (22x22 cm).
8. Pak lae beskuitjies, roommengsel, sjokolade en herhaal.
9. Plaas in die yskas vir 2 ure.
10. Lewer poeding vir ongeveer 10 mense.

Wenk
Gebruik een houer La Compania Mascarpone i.p.v. roomkaas en suurroom.

Kaneelrolletjies

10   45 min.   20 min.

Skondeeg:

2½ k	koekmeel
2,5 ml	sout
15 ml	bakpoeier
¼ k	botter
1	groot eier
125 ml	karringmelk of ongegeurde jogurt
45 ml	water

Vulsel:

½ k	bruinsuiker
¼ k	suiker
15 ml	kaneel
1 ml	sout
15 ml	gesmelte botter
1 ml	neutmuskaat

Versiersuiker:

½ k	versiersuiker
15 ml	melk
5 ml	suurlemoensap
¼ k	roomkaas

1. Sif droë bestanddele saam.
2. Vryf botter met vingerpunte in.
3. Klits vloeistowwe liggies met 'n vurk saam en sny met 'n mes in by droë bestanddele tot net gemeng. Hanteer so min as moontlik.
4. Rol uit op 'n meelbestrooide oppervlak in 'n vierkant (25x25 cm).
5. Meng die bestanddele van die vulsel saam en smeer bo-oor die deeg.
6. Rol die deeg op en sny dan in skywe.
7. Bak in gesmeerde oondpan vir 20 minute teen 180 °C.
8. Meng vulsel van versiersuiker en roomkaas en smeer bo-op.

Wenk

Bruinsuiker wat hard geword het, kom sy moses teë wanneer jy 'n vars snytjie witbrood in die pakkie sit en dan die pakkie toemaak. Binne 'n paar uur is die suiker weer sag.

Sjokoladekluitjies

6   15 min.   20 min.   Magda Venter

Stroop:

1 ℓ	water
25 ml	botter
250 ml	suiker
25 ml	gouestroop
5 ml	vanieljegeursel

Deeg:

50 ml	gouestroop
25 ml	botter
75 ml	melk
5 ml	koeksoda
25 ml	kakao
1 ml	gemmerpoeier
1 ml	neutmuskaat
1 ml	bakpoeier
250 ml	koekmeel
	'n Knippie sout

1. Gooi al die stroopbestanddele in 'n groot kastrol met 'n deksel wat dig pas en verhit tot kookpunt. Verlaag die hitte en laat die stroop stadig prut, terwyl die deeg aangemaak word.
2. In 'n aparte kastrol, smelt die botter en stroop saam.
3. Meng die melk en koeksoda en voeg by die stroopmengsel.
4. Voeg res van die bestanddele by en meng goed.
5. Skep lepelsvol deeg stadig in by die kokende sous.
6. Sit die deksel op en laat 20 minute kook sonder om deksel op te lig.
7. Bedien met roomys.

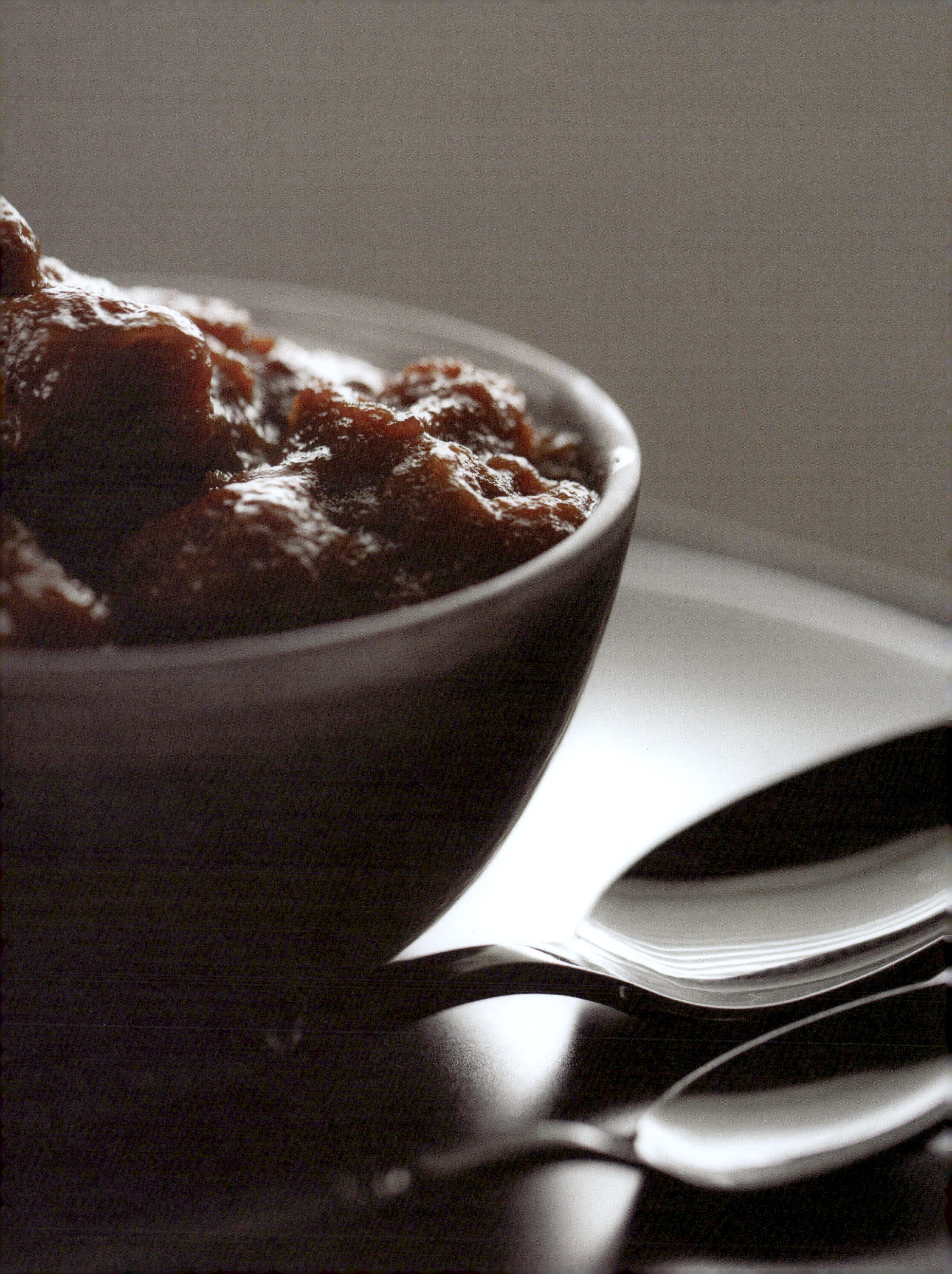

ek het my mooiste beloftes aan jou
in my gunsteling boek gepars net om dit
vandag, jou dag, vir jou saam met my hart te gee.
ek het dit met wense toegedraai,
met 'n soen geseël en saam met die wind
na jou vensterbank gestuur.
mag jou drome vlerke kry, en mag jy altyd
aspris die hekkie ooplos vir hulle

— kaalwoorde

Lemoenpoeding

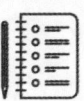

6 | 15 min. | 30 min. | Heila Meintjies

60 ml	botter
1	eier
125 ml	suiker
180 ml	koekmeel
15 ml	appelkooskonfyt
2 ml	koeksoda
125 ml	melk
	'n Knippie sout

Stroop:

375 ml	vars lemoensap
125 ml	suiker
125 ml	kookwater
15 ml	botter
	'n Knippie sout

1. Smelt die botter.
2. Klop die eier en die suiker by.
3. Voeg die meel, sout en die appelkooskonfyt by.
4. Los die koeksoda in die melk op en voeg by die mengsel.
5. Kook al die bestanddele van die stroop saam en gooi in 'n gesmeerde bak (32x20 cm).
6. Giet die beslag by die stroop - sonder om dit te roer en bak vir 30 minute in 'n matige oond teen 180 °C.
7. Die tekstuur lyk soos 'n kluitjie met groterige gate.
8. Bedien met roomys.

Bruinpoeding

6   15 min.   20 min.

1½ k	koekmeel
½ k	suiker
2	eiers
5 ml	koeksoda
30 ml	appelkooskonfyt
30 ml	botter
½ k	melk
1 ml	sout

Sous:

3 k	kookwater
½ k	botter
1 k	suiker
5 ml	vanieljegeursel

1. Los die koeksoda in die melk op.
2. Meng die droë bestanddele saam en voeg dan die vloeistowwe by.
3. Maak die sous in 'n groot swaarboomkastrol op die stoof aan tot suiker opgelos is.
4. Gooi nou die deegmengsel stadig by die sous. Dit mag glad nie gemeng word nie.
5. Bak in kastrol oor lae hitte tot gaar vir ongeveer 20 minute.
6. Hierdie poeding brand maklik a.g.v. die suiker; maak dus seker die hitte is redelik laag.
7. Bedien met vla.

Wenk

Wanneer 'n mengsel aanbrand, moenie die kastrol se deksel afhaal nie. Laat die kastrol net vir 'n rukkie in koue water staan. Die brandsmaak sal heeltemal verdwyn.

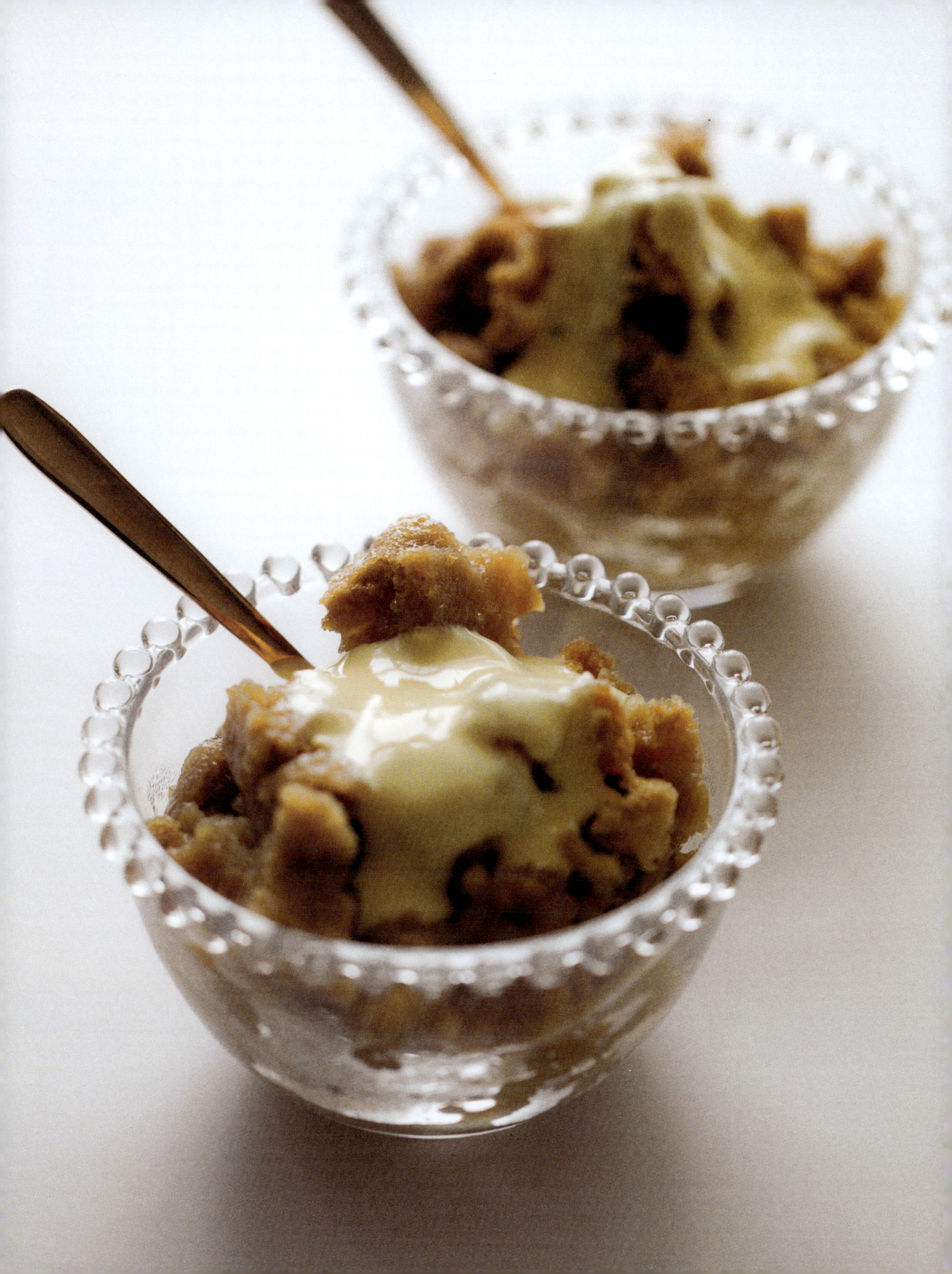

Vlakoek

🍴 10   🕐 20 min.   🔥 Mikrogolf: 20 min.

Gebruik die vanielje-sponskoekresep op bl. 56 saam met onderstaande vulsel.

Vulsel:

750 ml	melk
115 ml	vlapoeier
1 ml	sout
200 g	sagte margarien
180 ml	suiker
5 ml	vanieljegeursel
2 ml	amandelgeursel
	Geroosterde klapper

1. Bak die sponskoek in 'n ronde koekpan (20 cm) en laat dit afkoel.
2. Meng die suiker met die vlapoeier en voeg die melk en sout by.
3. Kook in die mikrogolf tot dik.
4. Voeg vanielje- en amandelgeursel by en laat dit tot lou afkoel.
5. Klop margarien tot romerig en roer by mengsel.
6. Sny sponskoek middeldeur as die koek koud is.
7. Smeer vulsel tussenin.
8. Strooi geroosterde klapper oor.

Wenke

Om te keer dat die vla 'n velletjie maak, plaas waspapier direk op die vla terwyl dit afkoel.

As jy sukkel om 'n koek in die middel deur te sny, gebruik 'n garingdraad of vislyn. Hou garingdraad weerskante vas en sny die koek daarmee deur wanneer die koek afgekoel is.

115 ml vlapoeier is gelyk aan 9 lepels (12.5 ml).

Mississippi-modderkoek

10   20 min.   90 min.

250 g	botter, in blokkies gesny
150 g	donker sjokolade, gekap
500 ml	strooisuiker
250 ml	warm water
80 ml	koffie-likeur
5 ml	koffiepoeier
325 ml	koekmeel
60 ml	bruismeel
60 ml	kakaopoeier
2	eiers, liggies geklits

1. Voorverhit die oond tot 160 °C.
2. Smeer 'n ronde koekpan (20 cm) en voer met bakpapier uit.
3. In 'n pot, meng die botter, sjokolade, suiker, water, likeur en koffiepoeier saam. Meng oor lae hitte met 'n houtlepel tot gesmelt.
4. Gooi nou die mengsel in 'n groot mengbak. Laat vir 15 minute afkoel.
5. Sif die meel, bruismeel en kakao saam en meng stadig in. Meng nou die eiers ook in.
6. Giet die mengsel in die gesmeerde, gevoerde pan.
7. Bak vir sowat 1½ uur.
8. Haal gaar uit die oond en laat staan vir sowat 30 minute. Keer dit uit op 'n afkoelrak. Maak seker die bokant bly bo wanneer dit afkoel.

Piesangwortelkoek

🍴 10   🕐 20 min.   🔥 35 min.

250 ml	suiker
250 ml	sonneblomolie
3	eiers
375 ml	koekmeel
10 ml	bakpoeier
10 ml	kaneel
5 ml	koeksoda
250 ml	ryp piesangs
250 ml	geelwortel, geskil en fyngerasper
125 ml	okkerneute, gekap

Versiersel:

100 g	botter
375 ml	versiersuiker
100 ml	roomkaas
5 ml	vanieljegeursel

1. Voorverhit die oond tot 180 °C.
2. Maak piesangmoes deur ryp piesangs met 'n vurk fyn te druk.
3. Verroom die suiker, olie en eiers saam.
4. Sif die meel, bakpoeier, kaneel en koeksoda saam bo-oor die eiermengsel en roer dit daarby.
5. Voeg die piesangmoes, geelwortels en neute by en meng.
6. Skep die beslag in twee gesmeerde panne (20 cm elk).
7. Bak dit sowat 35 minute tot gaar.
8. Laat dit effens afkoel en keer versigtig op draadrakke uit. Laat dit heeltemal afkoel.
9. Verroom die botter en versiersuiker saam.
10. Roer die roomkaas en geursel by.
11. Versier koek met neute en bewaar in yskas.

Wenk
250 ml fyn piesang is ongeveer 3 piesangs.

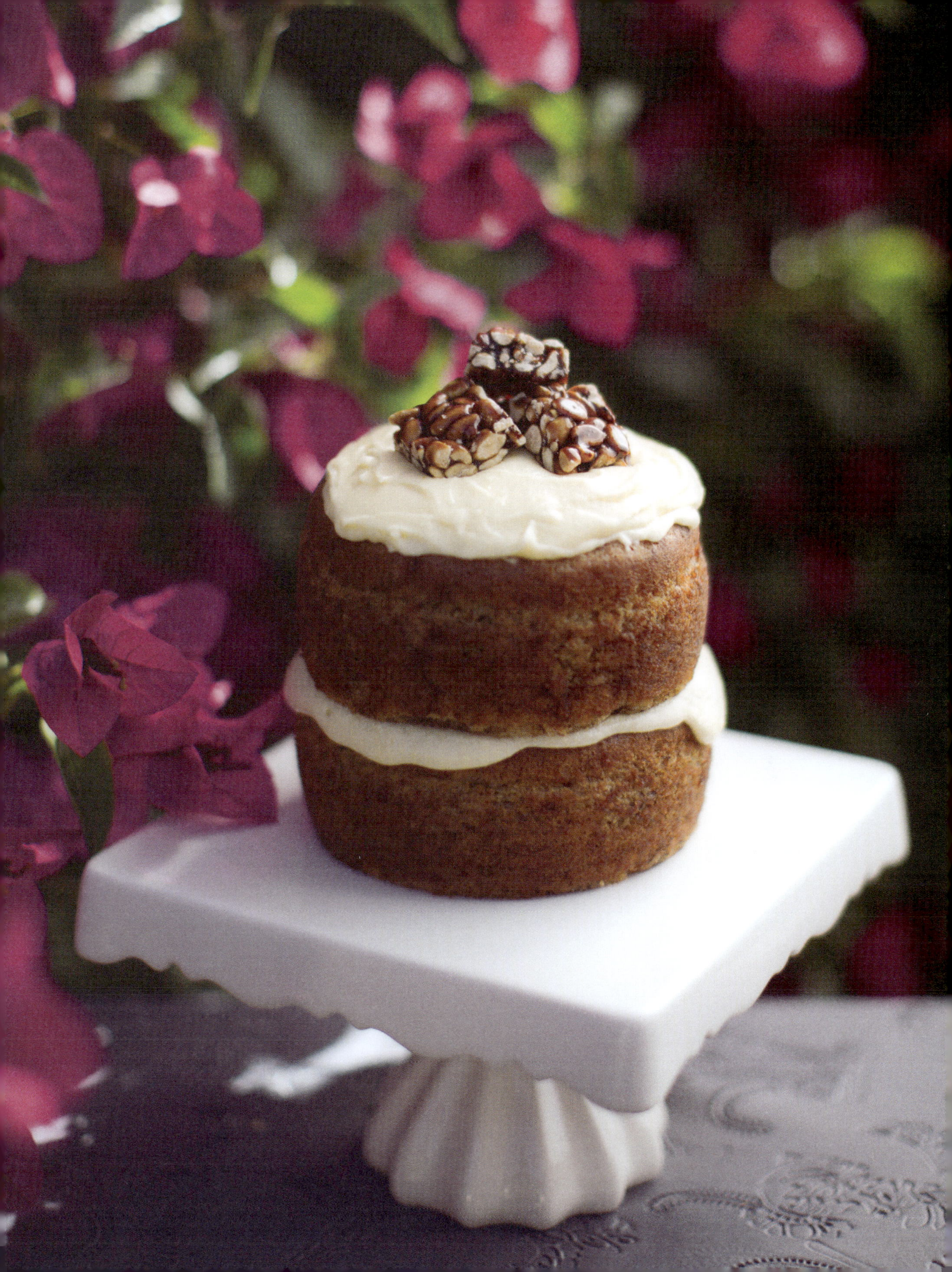

Gebakte Kaaskoek

12   20 min.   30 min.   Oornag

2 pakkies	Tennisbeskuitjies	
125 g	botter of margarien	

Vulsel:

2 blikkies	kondensmelk
3 x 230 g	roomkaas (Simonsberg)
10 ml	vlapoeier
250 ml	strooisuiker
125 ml	suurlemoensap
250 ml	room, geklits

1. Smelt die botter en meng gekrummelde beskuitjies daarmee. Druk dit vas teen die bodem en die kante van 'n losboompan (22 cm).
2. Klits die kondensmelk en roomkaas liggies saam tot glad.
3. Meng die vlapoeier en strooisuiker en klits by.
4. Klits die suurlemoensap by.
5. Vou heel laaste die room liggies in.
6. Skep bo-op koekiekors en bak vir sowat 30-40 minute teen 180 °C. Die oonddeur mag glad nie tydens die baktyd oopgemaak word nie.
7. Laat dit in die oond afkoel; moenie die oonddeur oopmaak voordat die oond nie heeltemal afgekoel het nie.
8. Plaas oornag in die yskas om te stol.
9. Karamelkondensmelk kan bo-op gesmeer word of die kaaskoek kan met bv. vars bessies bedien word.

Wenk

Dit is belangrik dat die kaaskoek in die oond afkoel. Die oonddeur mag glad nie aan die einde van die baktyd oopgemaak word nie.

Sjokoladeneuttert

12 | 20 min. | 45 min. | Lilla de Bruyn

500 ml	koekmeel
500 ml	suiker
2 ml	sout
20 ml	bakpoeier
125 ml	kakao
250 ml	kookwater
250 ml	olie
8	eiergele
8	eierwitte, styfgeklits
1 blikkie	ingedampte melk (*Ideal Milk*)
125 ml	suiker
100 g	haselneut-sjokolade

1. Voorverhit oond tot 180 °C.
2. Sif meel, suiker, sout en bakpoeier saam.
3. Meng kakao, kookwater, kookolie en eiergele goed saam en roer meelmengsel daarin.
4. Meng goed en vou styfgeklitse eierwitte daarin.
5. Bak vir 45 minute in 'n oondpan (35x25x5 cm).
6. Haal dit uit die oond en gooi die stroop oor.
7. Laat die stroop intrek.
8. Gooi die bolaag oor.
9. Laat dit afkoel en bedien.

Stroop:
Kook 'n ¾ blikkie ingedampte melk met 125 ml suiker op die stoof totdat die suiker gesmelt het.

Bolaag:
Verhit 'n ¼ blikkie ingedampte melk waarin 'n groot blok haselneutsjokolade gesmelt word.

Moenie sjokolade kook nie. Roer sjokolade by die ingedampte melk tot dit gesmelt het.

Wenk
Genoeg beslag om in 'n swart oondpan (25x35 cm) te bak.

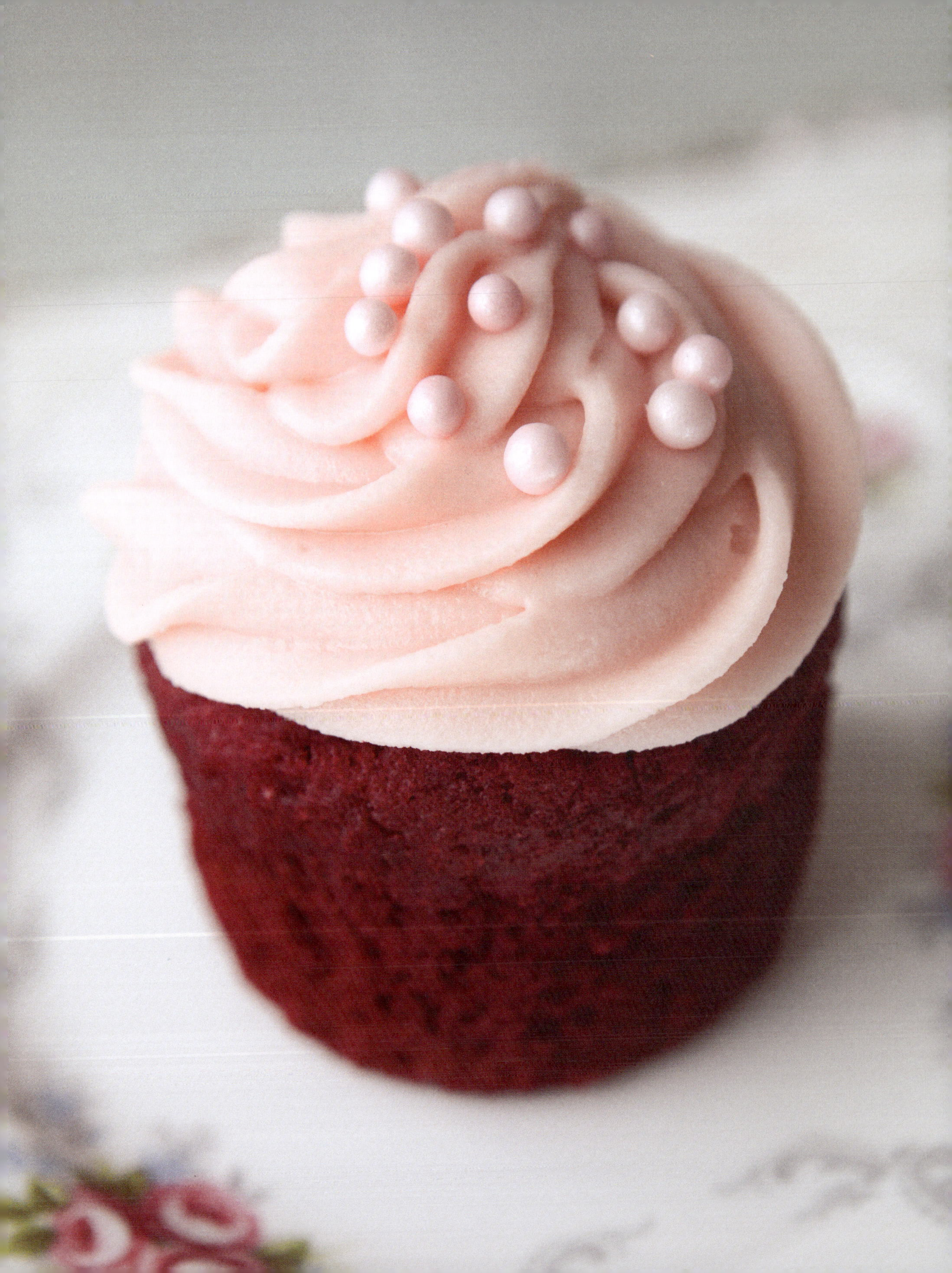

Rooifluweelkolwyntjies

12 | 20 min. | 45 min. | Heidi Ahrens

2½ k	koekmeel
1½ k	suiker
5 ml	koeksoda
5 ml	kakao
5 ml	sout
250 ml	karringmelk
2	eiers, kamertemperatuur
1½ k	olie
5 ml	witasyn
30 ml	Moirs, rooi voedselkleursel
5 ml	vanieljegeursel

Roomkaas-versiersel:

230 g	roomkaas, ferm
125 g	ongesoute botter, sag
2 k	versiersuiker, gesif
5 ml	vanieljegeursel

1. Voorverhit die oond tot 180 °C.
2. Berei jou koekpan/ kolwyntjiepan soos benodig voor.
3. In 'n groot bak, sif die meel, suiker, koeksoda, kakao en sout saam.
4. In 'n ander bak, meng die karringmelk, eiers, olie, asyn, vanieljegeursel en kleursel saam.
5. Meng die meelmengsel in die karringmelkmengsel in.
6. Gooi nou die beslag in 'n 20 cm voorbereide pan en bak 'n groot koek vir 35-40 minute en kolwyntjies, vir 20-25 minute.
7. Genoeg vir 12 kolwyntjies.

1. Klits die botter tot lig en voeg dan die versiersuiker en vanieljegeursel by tot 'n dik mengsel vorm. Hou aan klits vir nog 'n paar minute.
2. Voeg die roomkaas bietjie vir bietjie by. Meng slegs tot glad en gemeng. Smeer oor afgekoelde koek.

Variasie: Met hierdie resep kan jy ook groot koeke maak.

Wenk
Gebruik die hele botteltjie (30 ml) voedselkleursel. Moirs gee die korrekte kleur. Indien die deeg pienk is voor jy bak, gaan dit pienk uitkom m.a.w. jou deeg moet rooi wees.

Pekanneuttert

8   30 min.   30 min.   60 min.

1½ k koekmeel
10 ml suiker
2 ml sout
120 ml botter
80 ml melk

Vulsel:
3 groot eiers
1 k suiker
1 k gouestroop
60 ml botter, gesmelt en afgekoel
5 ml vanieljegeursel
1 k sjokoladetjips
1 k pekanneute, grofgekap

1. Sif die meel, suiker en sout saam en meng goed.
2. Voeg die botter en die melk by en meng vir 15-25 sekondes tot die mengsel van die kante af begin wegtrek.
3. Maak die deeg in 'n balvorm bymekaar en druk dan liggies plat. Besprinkel liggies met meel en draai in kleefplastiek toe.
4. Sit die deeg in die yskas vir sowat 'n uur tot ferm genoeg om te rol.
5. Rol nou die deeg dun uit en voer 'n losboompan of 'n tertpan (25 cm) daarmee uit. Maak seker deeg verseël die kante van die tertpan sodat die stroop nie uitloop nie.
6. Meng die eiers, suiker, stroop, botter en vanieljegeursel saam.
7. Voeg die sjokolade en neute by.
8. Giet die vulsel in die tertdop en bak vir 30 minute teen 180 °C.

Wenk
Plaas die losboompan bo-op 'n bakplaat om seker te maak die stroop nie in die oond mors nie.

Malvalekkertert

12   30 min.   Oornag   Martie van Zyl

1 blikkie	kondensmelk
60 ml	suurlemoensap
125 ml	Orley Whiproom
30 ml	versiersuiker
5 ml	vanieljegeursel
12	glanskersies (opsioneel)
500 g	malvalekkers, verskillende kleure
1 blik	pynappelstukkies, fyn, gedreineer
2 pakke	vingerbeskuitjies

1. Pak 'n laag vingerbeskuitjies onder in 'n tertbak (23x23x7 cm) om 'n kors te maak.
2. Snipper malvalekkers met 'n skerp skêr. (Doop die skêr so nou en dan in kookwater as dit taai raak.)
3. Klits die kondensmelk en suurlemoensap saam tot styf.
4. Klits die room, versiersuiker en vanieljegeursel saam tot styf in 'n ander bak.
5. Meng bogenoemde twee mengsels saam.
6. Voeg die res van die bestanddele by.
7. Skep vulsel op die vingerbeskuitjies.
8. Laat oornag staan sodat beskuitjies sag kan word.

Variasie: As jy hierdie tert in 'n losboomkoekpan (22 cm) maak, het jy 'n pragtige, kleurvolle koek.

Wenk
Malvalekkers vries glad nie goed nie; daarom is hierdie resep nie geskik vir vries nie.

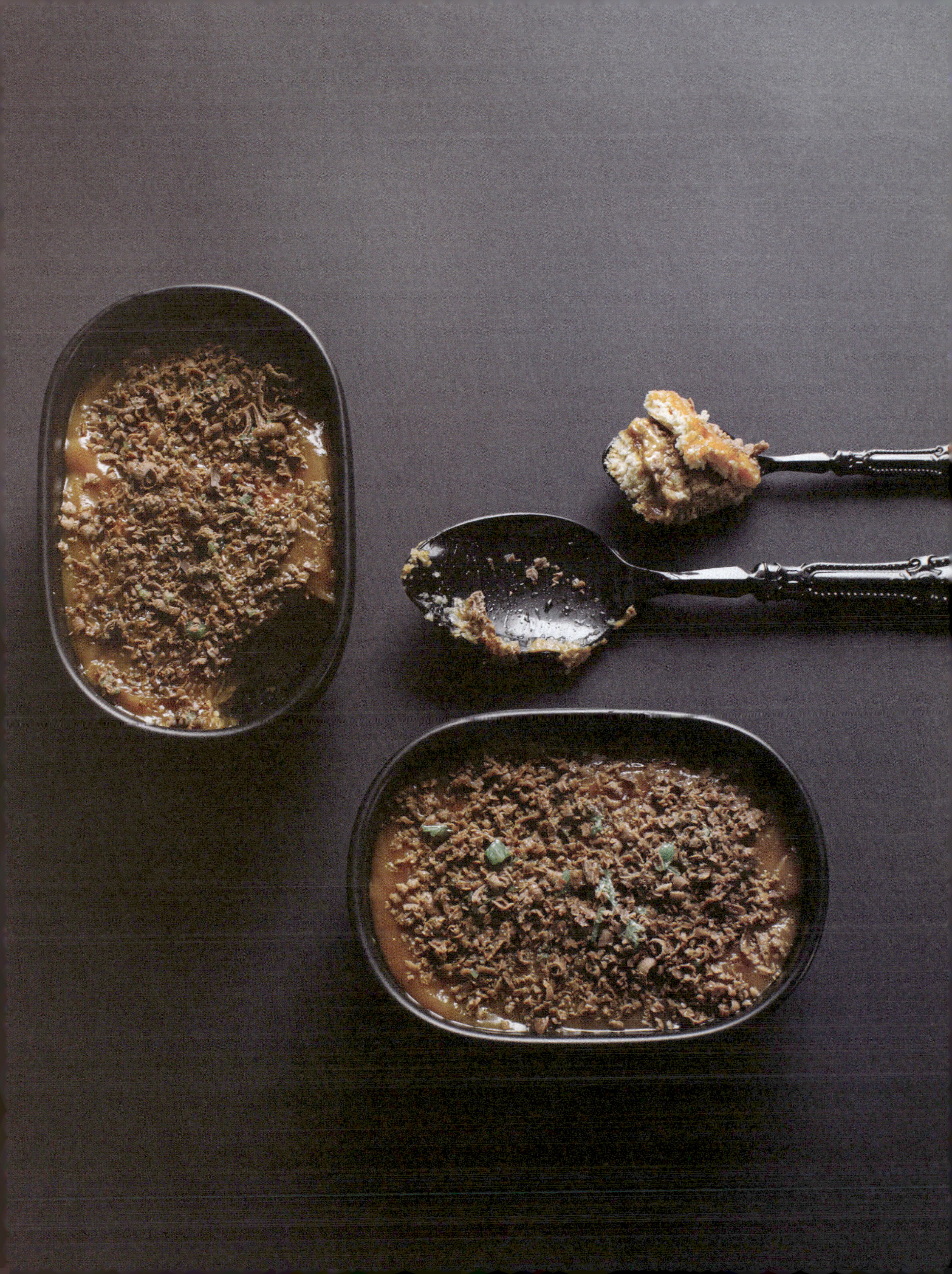

Karamel-pepermenttert

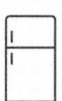

10   15 min.   Oornag   Suzie Strauss

100 g	pepermentsjokolade, gerasper
1 blikkie	karamelkondensmelk
2 pakke	Tennisbeskuitjies
2 pakkies	kitspoeding, karamelgeur
900 ml	melk

1. Pak een laag koekies in ' n bak (23x23 cm).
2. Maak een pakkie kitspoeding volgens aanwysings aan. Gooi dit oor die laag koekies.
3. Strooi gerasperde sjokolade bo-oor.
4. Pak weer 'n laag koekies.
5. Smeer 'n blikkie kondensmelk oor.
6. Strooi sjokolade bo-oor.
7. Gooi die laaste pakkie aangemaakte kitspoeding bo-oor.
8. Strooi weer sjokolade oor.
9. Laat staan oornag in yskas.
10. Bedien koud.

Pepermenttert

10   20 min.   Oornag

100 g	pepermentsjokolade
500 ml	room
2 pakke	Tennisbeskuitjies
2 blikkies	karamelkondensmelk

1. Rangskik 'n laag beskuitjies onder in 'n gesmeerde tertbak (30x20 cm).
2. Klits die room styf en klits karamelkondensmelk by.
3. Smeer die helfte van die mengsel oor die beskuitjies en rasper 'n lagie sjokolade oor.
4. Pak weer 'n lagie beskuitjies en smeer die res van die mengsel oor.
5. Rasper sjokolade oor.
6. Krummel 'n beskuitjie of twee bo-oor.
7. Verkoel oornag.
8. Bedien koud.

Klappertert

8   20 min.   30 min.   Magda Venter

125 g	margarien
200 g	suiker
250 ml	lou water
3	eiers
250 ml	koekmeel
15 ml	bakpoeier
500 ml	klapper
	'n Knippie sout

Sous:

250 ml	suiker
250 ml	water

1. Verhit die oond tot 180 °C.
2. Klits die margarien, suiker, water en eiers.
3. Sif die meel, bakpoeier en sout saam.
4. Voeg klapper by en meng.
5. Meng botter en meelmengsel saam.
6. Giet dit in 'n bak (30x20 cm).
7. Bak vir ongeveer 30 minute tot goudbruin.
8. Kook water en suiker vir 5 minute saam tot suiker gesmelt is.
9. Giet oor warm tert direk nadat dit uit die oond gehaal is.

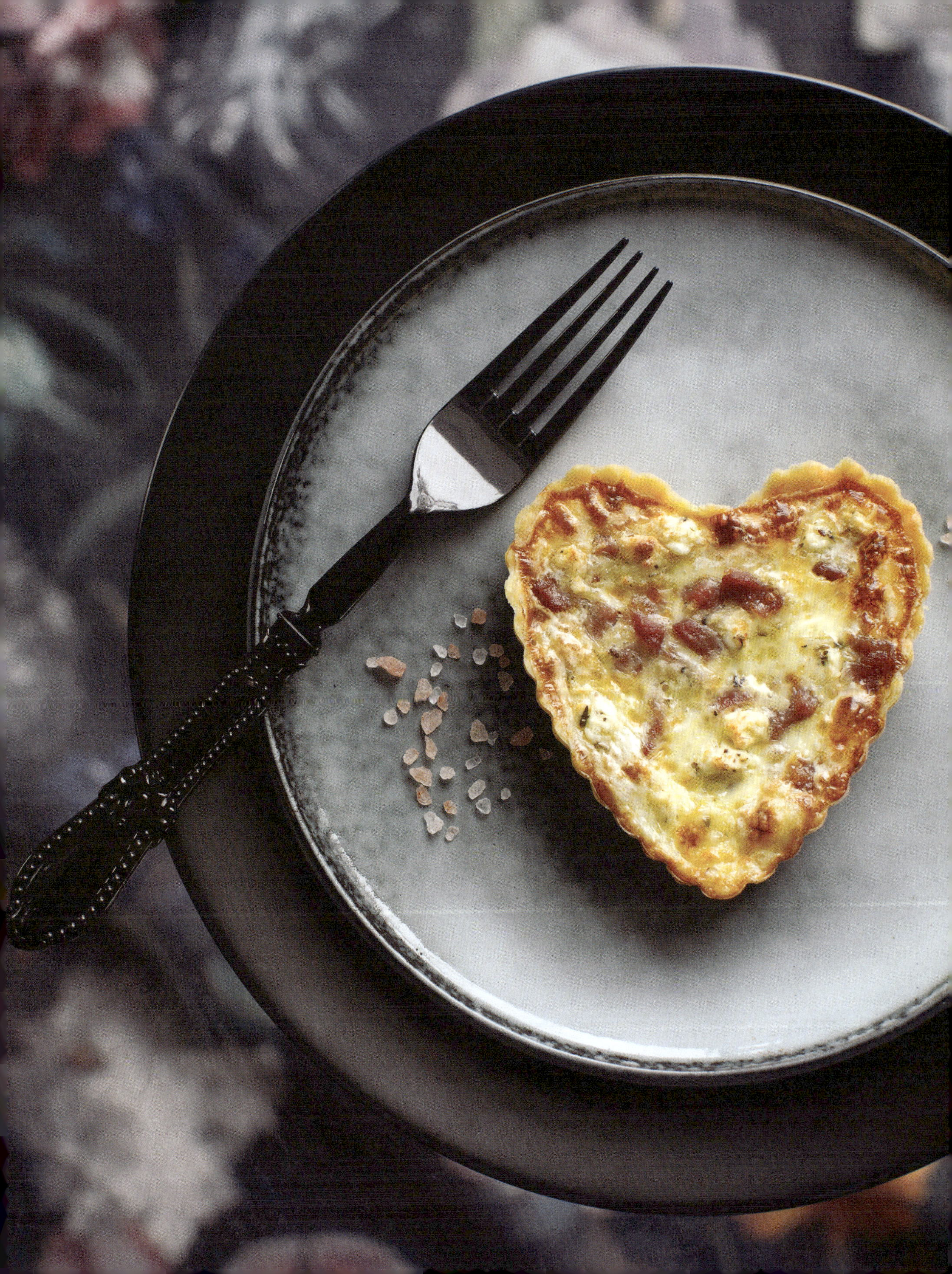

Spek-en-fetaquiche

6   30 min.   30 min.   Lanéne van Rensburg

Kors:

100 g	botter of margarien
250 ml	cheddarkaas, gerasper
250 ml	koekmeel
	'n Knippie sout

Vulsel:

200 g	spekblokkies
1 wiel	feta
250 ml	room
2	eiers

1. Voorverhit die oond tot 180 °C.
2. Meng die botter, kaas, meel en sout saam om 'n hanteerbare deeg te vorm.
3. Smeer 'n quichepan (25 cm) met botter om te keer dat dit vasbrand.
4. Druk die deeg met jou hand in die voorbereide pan uit totdat die oppervlak goed bedek is.
5. Braai die spek gaar.
6. Strooi die spek en die feta oor die deegbasis.
7. Klits die eier en die room saam.
8. Voeg oor die spek en feta.
9. Bak vir 30 minute.

Variasie: Ander lekker quiche-kombinasies: hoender-en-peppadews, spinasie-en-feta, ham-uie-sampioene.

Wenk
Maak altyd die vulselbestanddele eers gaar voordat jy dit in die deeg gooi. Vir elke 100 ml room, voeg een eier by.

Outydse Souttert

10   20 min.   30 min.

500 ml	melk	
30 ml	margarien	
4	dik snye brood (8 winkelsnye)	
2	eiers	
1 blik	soutvleis	
250 g	spekvleis	
250 ml	kaas, gerasper	
10 ml	Italiaanse kruie	
1	ui, gekap	
	Sout en peper na smaak	

1. Verhit melk en margarien en week brood daarin.
2. Skei die eiers en voeg die geklitste eiergele by.
3. Braai die soutvleis, spek en uie saam in 'n aparte pan.
4. Voeg by broodmengsel.
5. Voeg die kaas, kruie, sout en peper by.
6. Klits eierwitte styf en vou by mengsel in.
7. Skep in gesmeerde tertbak (30x20 cm) en bak vir 20-30 minute teen 180 °C.

Variasie: Beslag kan ook in 'n muffinpan geskep word en individuele tertjies kan gemaak word.

Wenk
As die beslag se tekstuur te sag is en 'n stywer tert word verkies, gebruik 125 ml minder melk.

Tunatert

8   15 min.   15 min.

2 blikke	tuna, gevlok
125 g	tjips, kaas-en-uie-geur
1 pakkie	wituiesoppoeier
300 ml	melk
250 ml	cheddarkaas, gerasper

1. Meng tuna en tjips.
2. Meng soppoeier en melk in 'n kastrol en bring tot kookpunt.
3. Vewyder van hitte en meng met tuna en tjips.
4. Skep in 'n gesmeerde tertbord (20 cm) en sprinkel kaas bo-oor.
5. Bak vir 15 minute teen 180 °C totdat die kaas gesmelt is.
6. Bedien met slaai.

Grootmaathoeveelhede

Aantal Mense	1	50	100
Beskuit	2	3 kg	6 kg
Brood	2 snye	5 brode	10 brode
Broodrolletjies	1 - 2	7 dosyn	14 dosyn
Koeldrank		12 ℓ	25 ℓ
Koffiepoeier		250 g	500 g
Teesakkies		20	40
Melk vir koffie/ tee		2 ℓ	4 ℓ
Suiker		500 g	1 kg
Eiers - gekook/ braai	1	5 dosyn	9 dosyn
Eiers - roereier/ omelet	2	8 dosyn	17 dosyn
Ontbytvlokkies	40 g	2 kg	4 kg
Pasta/ Spaghetti	40 g	2,5 kg	5 kg
Rys	30 g	2,5 kg	4 kg
Botter/ Margarien	10 g	750 g	1,2 kg
Kaas	30 g	1 kg	2 kg
Konfyt		500 g	1 kg
Hoender met been	200 g	10 kg	20 kg
Hoender sonder been	150 g	7,5 kg	15 kg
Maalvleis as hoofgereg	150 g	7,5 kg	15 kg
Maalvleis in gereg	100 g	5 kg	10 kg
Spek	100 g	5 kg	10 kg
Stowevleis met been	200 g	10 kg	20 kg
Stowevleis sonder been	150 g	7,5 kg	15 kg
Boerewors	150 g	7,5 kg	15 kg
Kouevleis	3-4 snye	3 kg	7 kg
Aartappels	1-2	10 kg	20 kg

Marmitetert

6   15 min.   30 min.

2 ml	sout
10 ml	bakpoeier
500 ml	koekmeel
200 g	margarien of botter
2	eiers
250 ml	melk
500 ml	kaas, gerasper

Stroop:

60 ml	margarien of botter
60 ml	Marmite of Bovril
60 ml	gouestroop (opsioneel)

1. Sif al die droë bestanddele saam.
2. Smelt die margarien of botter en voeg by die droë bestanddele.
3. Klits die eiers en melk saam. Voeg dit by die mengsel.
4. Roer die kaas by.
5. Gooi in 'n gesmeerde bak (30x15 cm) en bak teen 180 °C vir 30 minute.
6. Smelt die stroopbestanddele saam en gooi oor die warm tert wanneer dit uit oond gehaal word.
7. Bedien warm.

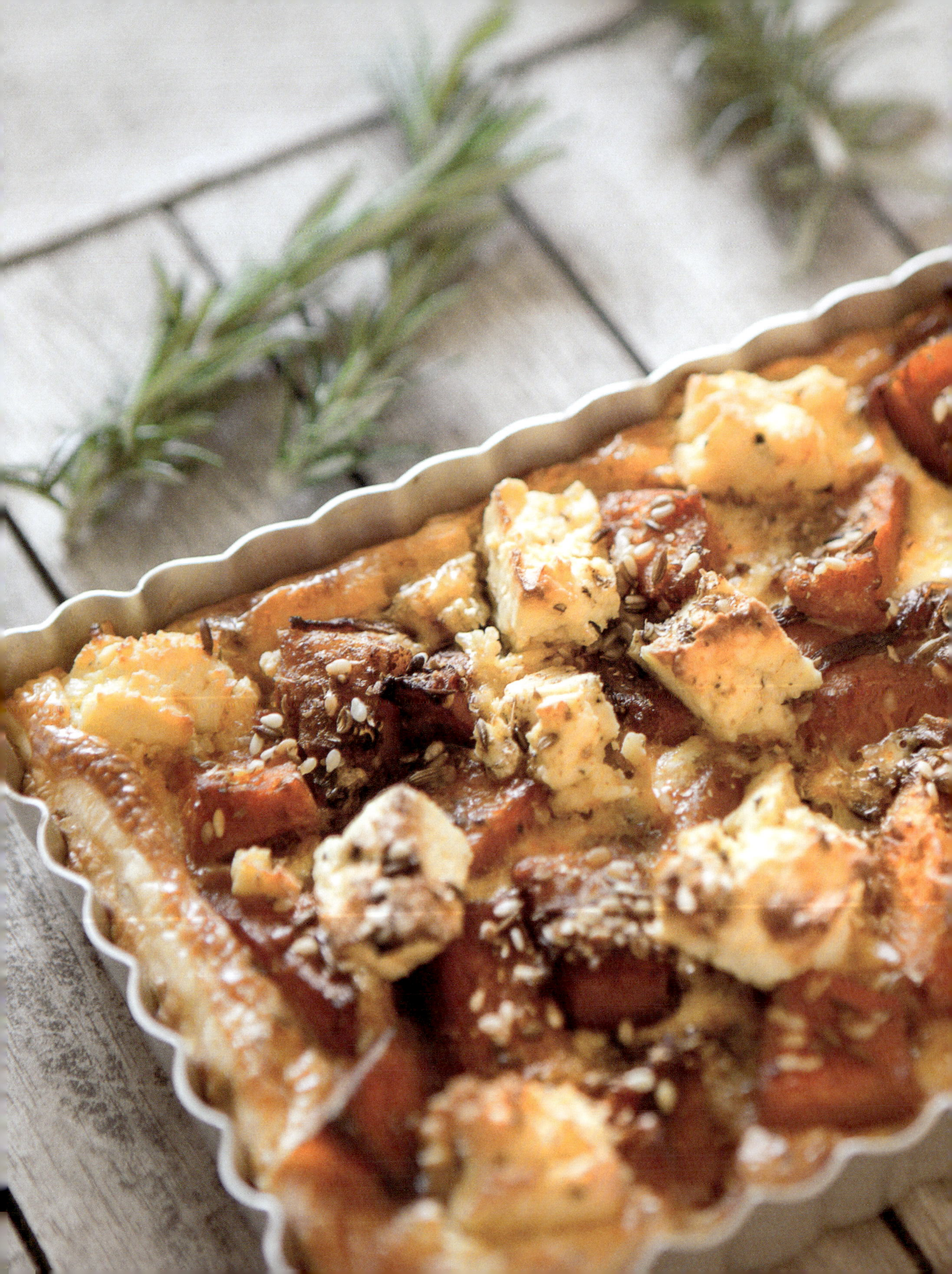

Botterskorsietert

10 · 45 min. · 45 min. · Heidi Ahrens

500 g	botterskorsie, blokkies of heel
45 ml	olyfolie
15 ml	gerookte paprika
1	ui, in ringe gesny
2 wiele	Deense feta
10 ml	dukkah
30 ml	pampoensade (opsioneel)
250 ml	room
2	eiers
1 rol	skilferdeeg (*Puff Pastry*)
	Sout en growwe swartpeper

1. Voorverhit die oond tot 180 °C.
2. Verwyder die sade van die botterskorsie en sny in blokkies. Gooi in 'n bak saam met die uie.
3. Sprinkel die olyfolie en gerookte paprika oor. Meng deeglik en plaas dan op 'n gesmeerde bakplaat. Rooster vir 30 minute of tot sag.
4. Verdeel mengsel in twee tertpanne (35x12 cm elk).
5. Voer 'n tertpan met skilferdeeg uit en plaas in die yskas vir 10-15 minute.
6. Klits die room en eiers saam.
7. Plaas die botterskorsie en uie in die tertdop saam met gebreekte stukke feta.
8. Besprinkel met dukkah en pampoensade.
9. Gooi die room en eiermengsel bo-oor en bak vir 45 minute teen 180 °C.

Vlaskywe

24   60 min.   60 min.

200 g	Cream Cracker-beskuitjies
1 ℓ	melk
250 ml	suiker
60 ml	botter of margarien
120 ml	koekmeel
100 ml	mielieblom (*Maizena*)
10 ml	vlapoeier
2 ml	sout
100 ml	koue water
3	eiers, geskei
5 ml	vanieljegeursel
500 ml	versiersuiker, gesif
40 ml	kookwater

1. Smeer 'n vlak glasbak (35x25x5 cm), of bespuit dit met 'n kleefwerende middel. Pak 15 beskuitjies in rye van 5x3 op die bodem van die bak en sorg dat die halveringslyne van die beskuitjies almal in dieselfde rigting lê.
2. Verhit die melk in 'n groot kastrol tot kookpunt. Voeg die suiker en botter of margarien by en roer tot gesmelt. Haal dit van die stoof af.
3. Meng die meel, mielieblom, vlapoeier, sout en koue water deeglik in 'n aparte bak.
4. Voeg die eiergele by en klits goed.
5. Klits 250 ml van die warm melkmengsel geleidelik by die vlamengsel. Gooi dit terug in die kastrol by die res van die melk. Roer aanhoudend oor lae hitte en kook sowat 5 minute tot dik. Haal van die stoof af en roer vanieljegeursel by. Klits die eierwitte totdat dit sagte punte vorm. Vou die eierwitte liggies met 'n metaallepel by die vlamengsel in nadat die mengsel bietjie afgekoel het om te voorkom dat die eierwitte skif.
6. Gooi die warm vla oor die beskuitjies in die bak. Bedek die vla met nog 15 beskuitjies in rye van 5x3 en sorg dat die halveringslyne in dieselfde rigting as die onderste laag lê.
7. Laat die vlavulsel afkoel en plaas dit in die yskas om heeltemal koud te word.
8. Meng die versiersuiker en kookwater tot 'n smeerbare versiersel. Gooi dit stadig oor die kraakbeskuitjies en smeer dit ewe dik.
9. Hou dit in die yskas tot benodig. Sny die vlaskywe so groot soos 'n halwe beskuitjie wanneer jy dit opdien.

Wenk

Kookwater moet saam met die versiersuiker gebruik word om seker te maak dat dit hard word.

Tamboesies

2 dosyn   30 min.   30 min.

1 rol	bevrore skilferdeeg (*Puff Pastry*)	

1. Laat skilferdeeg ontdooi.
2. Voorverhit die oond tot 200 °C.
3. Rol die skilferdeeg oop en sny dit met 'n skerp mes in vierkante van 4x4 cm. Moenie die deeg dunner uitrol nie.
4. Plaas die vierkante 'n entjie uitmekaar op 'n groot gesmeerde bakplaat en bak ongeveer 12 minute tot goudbruin en gepof.
5. Laat die vierkante op 'n draadrak afkoel.
6. Gebruik 'n skerp messie en skei die skilferdeeg in die middel sodat die vierkante in twee dele verdeel is.

Vla:

500 ml	melk
60 ml	suiker
30 ml	vlapoeier
30 ml	mielieblom (*Maizena*)
5 ml	vanieljegeursel
	'n Knippie sout

1. Hou 'n bietjie van die melk eenkant.
2. Verhit die res van die melk tot kookpunt.
3. Meng die suiker, mielieblom en sout met die melk wat eenkant gehou is, tot 'n pasta.
4. Klop die kookmelk geleidelik hierby en gooi alles dan terug in die kastrol.
5. Roerkook tot dik en gaar.
6. Haal die vla van die stoof af en roer vanieljegeursel by. Plaas 'n stuk nat waspapier bo-oor om te voorkom dat dit 'n velletjie vorm.
7. Laat die vla afkoel tot koud.
8. Sit die vierkante op mekaar met die vla.

Versiering:

250 ml	versiersuiker, gesif
30 ml	kookwater
	'n Paar druppels suurlemoensap
	Hundreds & Thousands

1. Meng die versiersuiker met 'n bietjie kookwater tot 'n redelike stywe pasta.
2. Plaas bo-op die vierkant.
3. Gooi 'n paar *Hundreds & Thousands* oor.

Smartiekoekies

2 dosyn   20 min.   10 min.   Pienaar van Zyl

350 g	botter of margarien, kamertemperatuur
650 ml	bruinsuiker
4	eiers
10 ml	vanieljegeursel
600 ml	koekmeel
10 ml	bakpoeier
4 ml	sout
450 g	Smarties
250 ml	neute, gekap

1. Verhit die oond tot 180 °C.
2. Verroom die botter/ margarien en suiker.
3. Voeg die eiers een vir een by en klop goed na elke byvoeging.
4. Roer vanieljegeursel by.
5. Sif die meel, bakpoeier en sout saam.
6. Roer dit bietjie vir bietjie by die eiermengsel.
7. Voeg Smarties en neute by en roer liggies net tot gemeng.
8. Skep teelepelsvol van die deeg op 'n bakplaat (redelik ver uitmekaar; dit vloei baie).
9. Bak vir 10 minute tot randjies goudbruin is.
10. Laat afkoel en verwyder van bakplaat.

Gemmerkoekies

4 dosyn · 20 min. · 10 min. · Suzie Strauss

2 kg	bruismeel
90 ml	gemmerpoeier
5 ml	sout
6	eiers, geklits
500 g	margarien, sag
1½ k	stroop, lou
1 kg	bruinsuiker
30 ml	koeksoda
½ k	melk

1. Meng bruismeel, gemmerpoeier en sout in 'n skottel.
2. In 'n ander bak, meng eiers, margarien, stroop en bruinsuiker saam.
3. Meng in 'n aparte bakkie die koeksoda en melk saam tot opgelos.
4. Voeg nou die melkmengsel by die eiermengsel en meng goed.
5. Meng nou die meelmengsel by die eiermengsel.
6. Rol deeg in klein balletjies en plaas 10 cm uit mekaar op 'n bakplaat.
7. Bak vir 10 minute teen 180 °C.

Skuimpies

70 klein skuimpies | 20 min. | 60 min. Uitdroog: 2 ure

4	eierwitte, groot
2 ml	kremetart
230 ml	strooisuiker
2 ml	vanieljegeursel
	'n Knippie sout

1. Klits die eierwitte tot dit skuimerig is. Voeg die kremetart en 'n knippie sout by en klits dit styf.

2. Voeg die suiker by, omtrent 25 ml op 'n slag, en klits elke keer goed sodat die suiker kan oplos.

3. Klits die vanieljegeursel saam met die laaste 25 ml strooisuiker in.

4. Voer bakplate met bakpapier uit. Skep of spuit klein, ronde vorms van die skuimpiemengsel op die bakplate.

5. Bak dit vir 'n uur in 'n voorverhitte oond teen 100 °C.

6. Sit die oond af en laat dit vir 2 ure in die oond uitdroog.

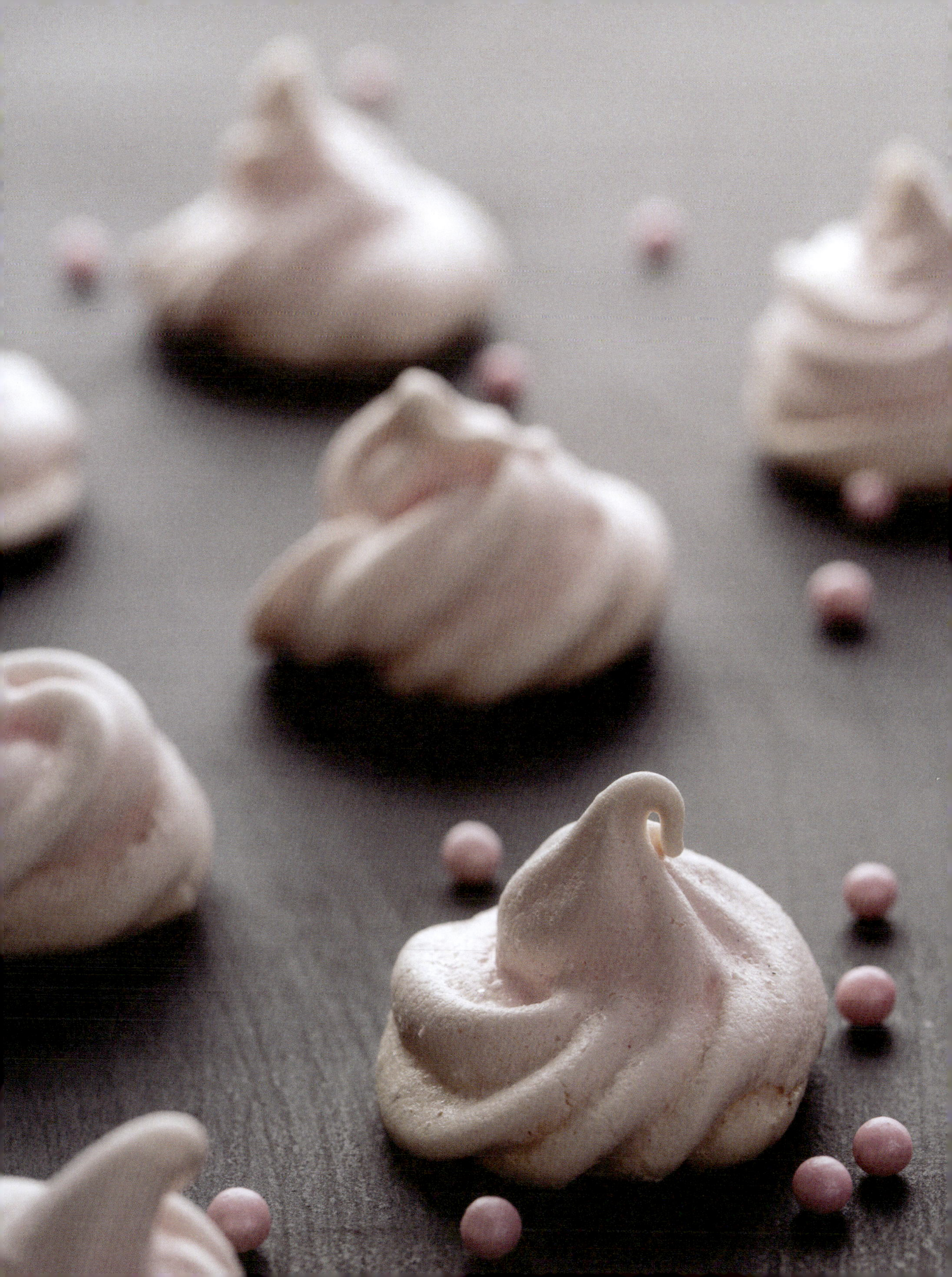

Kraakkoekies

60 koekies   40 min.   20 min.

250 g	margarien
500 ml	suiker
2	eiers
5 ml	vanieljegeursel
625 ml	koekmeel
10 ml	bakpoeier
7 ml	koeksoda
2 ml	sout
500 ml	hawermout
500 ml	klapper
500 ml	Rice Krispies

1. Verroom die margarien en suiker tot lig en pofferig in 'n elektriese menger.
2. Voeg die vanieljegeursel en eiers een vir een by.
3. Sif die meel, bakpoeier, koeksoda en sout saam. Voeg dit by die eiermengsel.
4. Roer nou die hawermout, klapper en Rice Krispies by.
5. Maak balletjies in jou hand en plaas op gesmeerde bakplaat.
6. Druk dit met 'n vurk effens plat.
7. Bak vir 15-20 minute teen 180 °C.

Skurwejantjies

80 koekies | 20 min. | 15 min.

500 ml	koekmeel
500 ml	hawermout
500 ml	Rice Krispies
500 ml	klapper
500 ml	suiker
30 ml	stroop
250 g	botter
10 ml	koeksoda
60 ml	kookwater

1. Smelt stroop en botter in 'n pan.
2. Los die koeksoda in die kookwater op en meng met die stroop en botter.
3. Meng goed met die droë bestanddele.
4. Versprei op twee gesmeerde bakplate (40x25x2 cm) en bak vir 15 minute teen 180 °C.
5. Sny terwyl nog warm.

Rice Krispieskoekies

2 dosyn   20 min.   30 min.

70 g	margarien
250 g	malvalekkers
300 g	Rice Krispies
5 ml	vanieljegeursel

1. Smelt die margarien.
2. Voeg die malvalekkers by en roer aanhoudend tot gesmelt.
3. Haal van die stoof af en voeg vanieljegeursel by.
4. Voeg Rice Krispies by.
5. Druk in 'n gesmeerde, vierkantige pan (25x25 cm) en laat afkoel.
6. Sny in blokkies.

Mishopies

20 koekies · 15 min. · 15 min. · Wilanie Strauss

½ k	botter
1 k	suiker
¼ k	kakao
¼ k	melk
5 ml	vanieljegeursel
1½ k	hawermout
½ k	klapper

1. Smelt die botter, roer suiker en kakao by.
2. Voeg melk by en roer oor stadige hitte tot suiker opgelos is.
3. Kook vir 3 minute. Roer aanhoudend. Haal van die stoof af.
4. Voeg vanieljegeursel, hawermout en klapper by.
5. Skep dadelik met 'n teelepel sowat 20 happies op gesmeerde pan uit en laat afkoel.

Wenk
Die koekie is ook bekend as ongebakte sjokolade-hawermout-koekies.

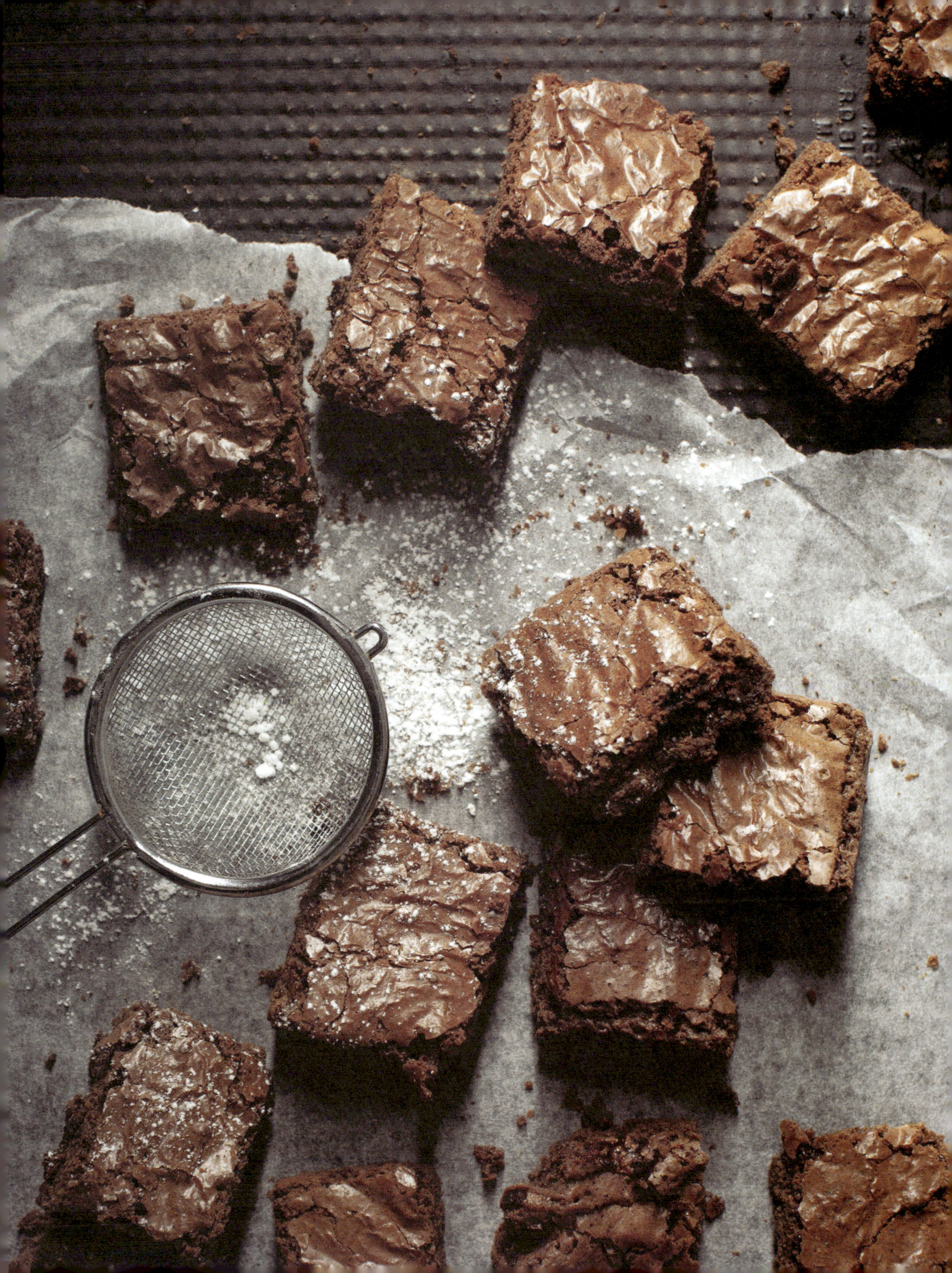

Brownies

12   15 min.   30 min.

200 g	donker sjokolade (Cadbury *Bournville Classic*)
125 ml	margarien
2	eiers
125 ml	suiker
250 ml	karamelsuiker (*treacle sugar*)
15 ml	vanieljegeursel
250 ml	koekmeel
5 ml	bakpoeier
2 ml	sout
100 g	pekanneute, grofgekap (opsioneel)

1. Verhit die oond tot 180 °C. Maak seker die oondrak is in die middel van die oond.
2. Sny bakpapier in 'n strook van 10x35 cm.
3. Plaas onder in 'n vierkantige koekpan (22x22 cm).
4. Dit dien as handvatsels om Brownies makliker uit pan te haal.
5. Voer nou die kante en bodem van die pan met bakpapier uit.
6. Smelt sjokolade en margarien saam tot glad. Laat dit afkoel vir sowat 10 minute.
7. Klits eiers en suiker saam tot lig en romerig.
8. Voeg vanieljegeursel by sjokoladmengsel en vou die eiermengsel by die sjokolademengsel in tot net-net gemeng.
9. Gooi meel, bakpoeier en sout by en vou weer in. Moenie oormeng nie.

    Opsioneel: Indien jy wou neute byvoeg, kan dit hier ingemeng word.

10. Skep in koekpan en maak die bokant plat.
11. Bak vir 25-30 minute teen 180 °C.
12. Daar sal 'n brosserige lagie bo-op vorm en die koek sal dalk nog effens rou lyk.
13. Indien onseker, bak verder vir nog sowat 5 minute.
14. Laat heeltemal afkoel voor dit gesny word.

Wenk
Bak Brownies in 'n koekpan, nie in 'n glasbak nie. Die glasbak gelei die hitte oneffektief.

Malvalekkerblokkies

24   20 min.   2 ure

240 g	witsjokolade, in stukkies gebreek
50 g	mini-malvalekkers
100 g	gewone malvalekkers, middeldeur gesny
100 g	makadamianeute, grofweg gekap
100 g	versuikerde jellielekkers (*Jelly Tots*)
100 g	koekies, vanieljegeur, in stukkies gebreek (Bakers se *Eet-Sum-Mor*)
	Hundreds & Thousands

1. Voer 'n vierkantige 20 cm-koekpan met bakpapier uit en laat die papier oor die kante hang.
2. Smelt die sjokolade in 'n bak oor 'n kastrol met water wat prut. Moenie dat daar stoom naby die sjokolade kom nie. Roer tot alles gesmelt het.
3. Meng die orige bestanddele saam in 'n groot bak. Gooi die sjokolade oor en meng dit met 'n groot lepel tot alles met sjokolade bedek is. Skep dit in die pan en druk dit oral liggies vas.
4. Gooi 'n paar *Hundreds & Thousands* oor.
5. Sit in die yskas vir twee uur of tot gestol.
6. Haal die gestolde mengsel uit die pan deur dit aan die bakpapier op te trek.
7. Trek die papier af. Gebruik 'n warm mes en sny dit in 5x5 cm blokkies. Bêre in 'n lugdigte houer.

Wenk
Gebruik verskillende kleure malvalekkers.

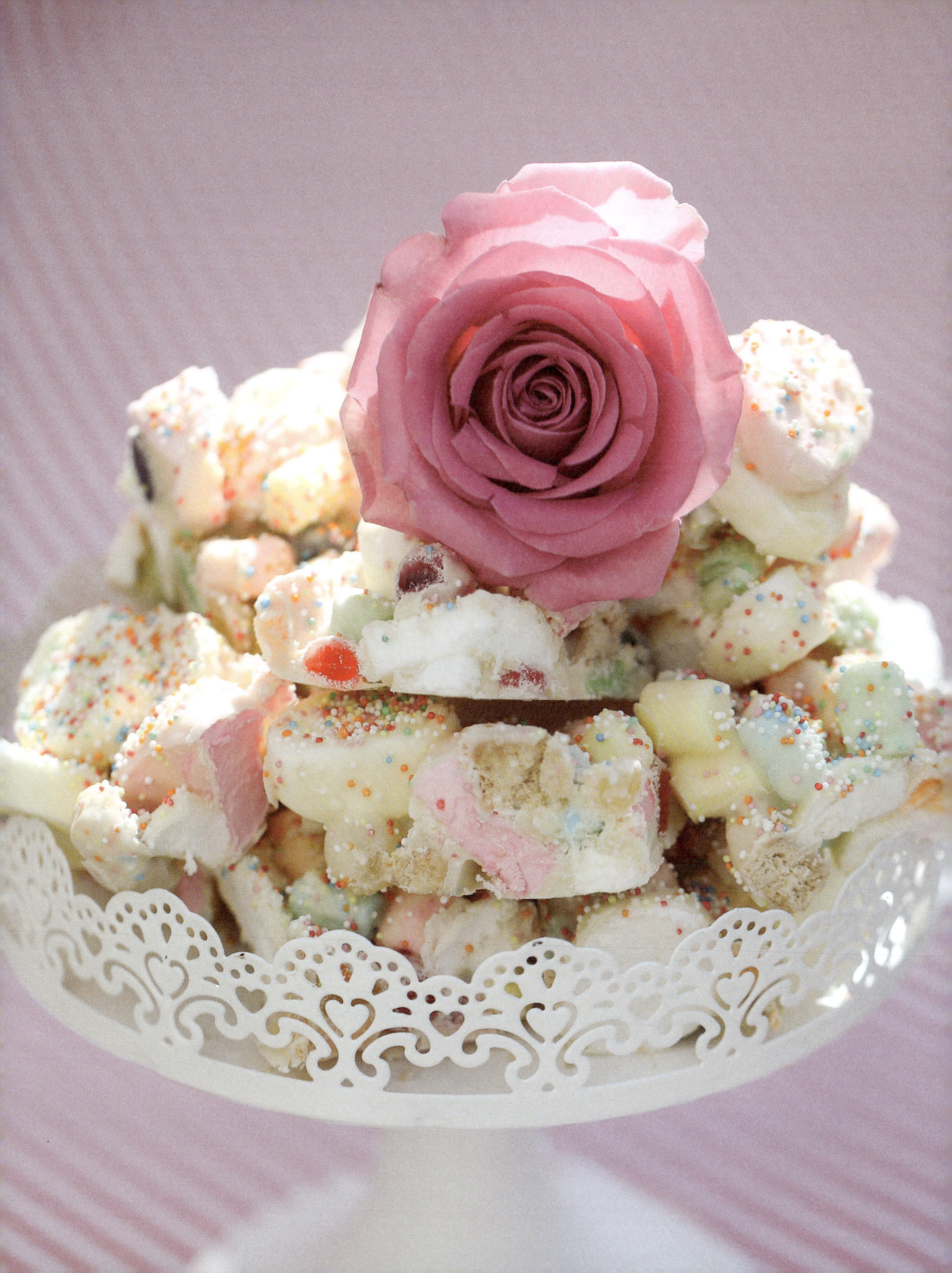

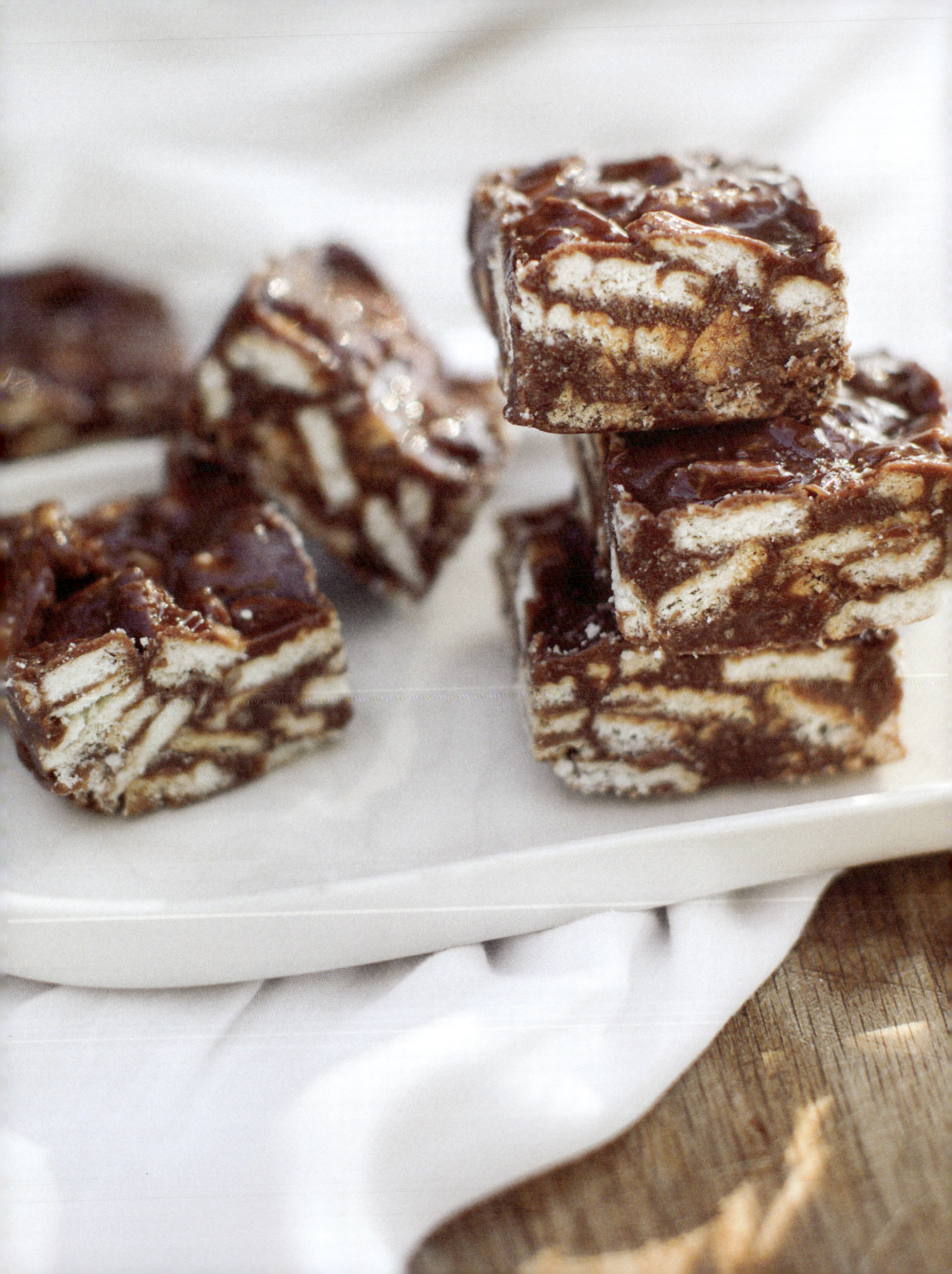

Sjokoladeblokkies

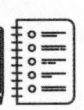

20   30 min.   60 min.   Marise van Oudtshoorn

250 g botter
500 g versiersuiker
30 ml kakao
2   eiers, geklits
5 ml   vanieljegeursel
2 pakke Mariebeskuitjies, gebreek
       'n Knippie sout

1. Smeer 'n plat, langwerpige bak (30x20 cm) deeglik met botter.
2. Smelt die botter oor stadige hitte. Sif die versiersuiker, sout en kakao saam en roer by die bottermengsel.
3. Klits eiers en giet in 'n dun straaltjie by die kakaomengsel. Verwarm en roer vir ongeveer 3 minute oor lae hitte tot die mengsel effens dik is.
4. Haal van die stoof af en roer vanieljegeursel by. Voeg gebreekte beskuitjies by die mengsel.
5. Giet in bak en maak bo-op gelyk.
6. Plaas in 'n yskas tot dit styf is.
7. Sny in blokkies.

Gunstelingresep van my mamma

Gunstelingresep van sy ma

Skribbelvel

Skribbelvel

Sussie se *flat*

Maar jy, **Trouvrou**, is jou eie mens.
Jy leef 'n kitsbestaan en *Wi-Fi* is jou suurstof.
Jou kombuis is klein en jou tafel pas skaars in.
Het jy maar notas by Ouma en Moeks gevat;
die pad na 'n man se hart loop immers deur sy maag!

Jy leef in 'n wêreld van
wegneemetes, mikrogolfdisse en papierplekmatjies.
Jy is lief vir reis en uitgaan...
Jy weet jou moderne leefstyl bring sy eie mooi.

Dis egter tyd om gister en vandag te verenig -
om vroeëre dae opnuut in die kombuis te laat voortleef.

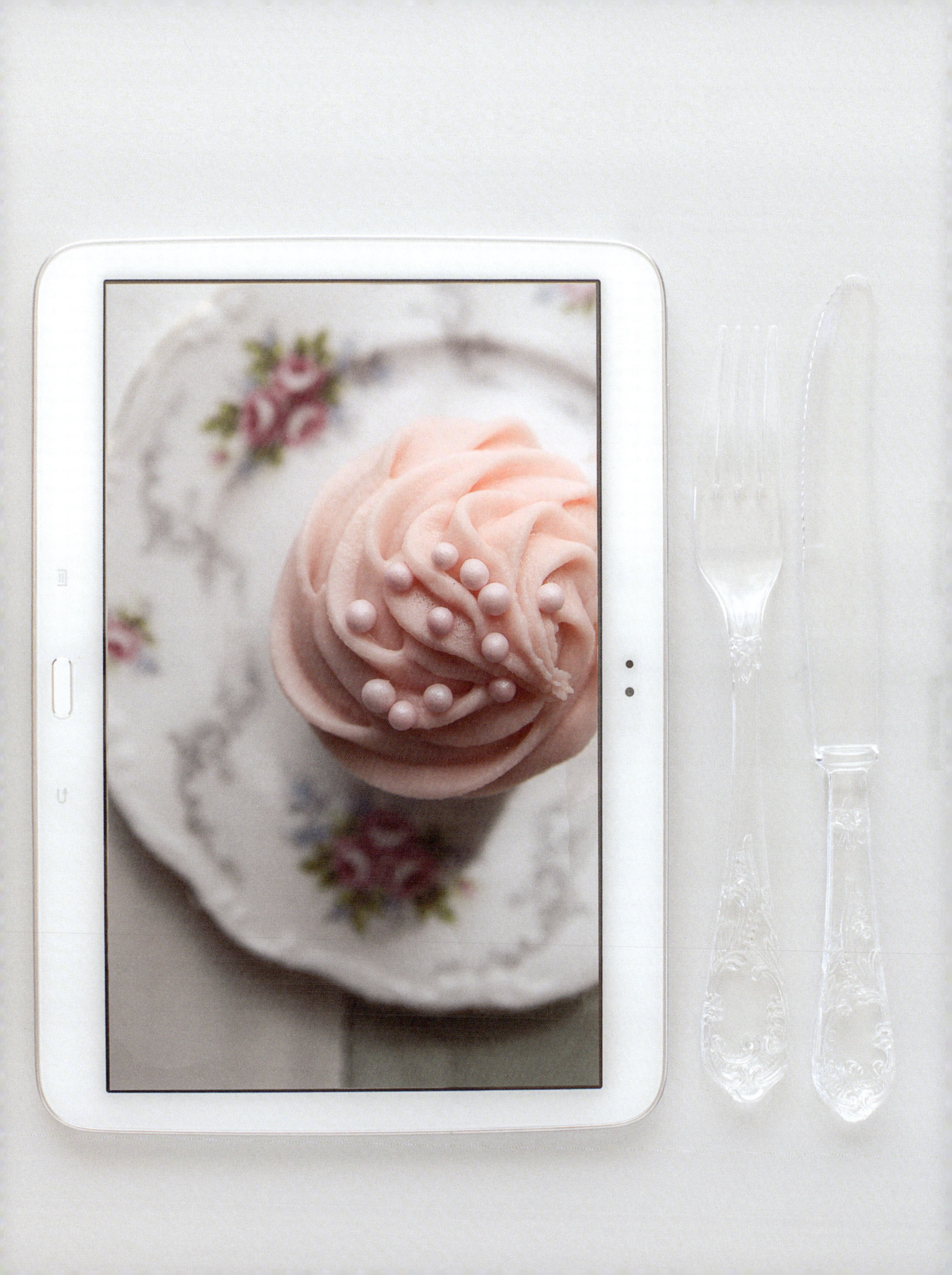

Soethoenderkerrie

4-6   10 min.   8 ure

1 kg	hoenderstukke
1	ui, in ringe gesny
10	baba-aartappels
250 ml	perskesap
1 pakkie	wituiesoppoeier
15 ml	kerriepoeier (Rajah), mediumsterkte
5 ml	borrie
30 ml	appelkooskonfyt
	Sout en peper na smaak

1. Voeg die hoender, aartappel en uie in 'n prutpot.
2. Meng die sap, sop, kerriepoeier, borrie en appelkooskonfyt.
3. Gooi oor die hoender en laat vir 8 ure op lae hitte prut.
4. Voeg sout en peper by na smaak.
5. Bedien met Basmatirys.

Wenk
'n Prutpot, ook bekend as 'n *Slow Cooker*, is 'n gerieflike kombuistoestel wat 'n mens kan koop as jy nie baie lief is vir kook nie.

Pasta Alfredo

4   15 min.   25 min.

1 wiel	feta
250 ml	room
200 g	sampioene
10 snye	ham, in stukkies gesny
400 g	droë pasta

1. Kook die pasta in kookwater met sout.
2. Sny die sampioene in skyfies en braai in 'n bietjie olie.
3. Voeg die ham by.
4. Voeg die feta en room by.
5. Bring sous tot kookpunt.
6. Gooi oor die pasta en bedien met kaas.

Wenke

Plaas 'n houtlepel skuins oor die kastrol. Dit sal keer dat die pasta oorkook.

Gooi 'n bietjie olie op die bodem van die kastrol voor jy die koue water ingooi. Dit sal keer dat die pasta oorkook.

Vir 'n hoofmaal, gebruik ongeveer 80-250 g pasta per persoon. Gebruik minder wanneer dit 'n vullende sous is en meer wanneer dit 'n ligte sous is.

Tunapastaslaai

4-6   15 min.   10 min.

300 g	droë pasta
30 ml	olyfolie
1	ui, fyngekap
1 blikkie	tuna, gedreineer
60 ml	agurkies, gekap
200 g	babatamaties, gehalveer
1 bakkie	Lancewood Dip & Top-doopsous (*chive* geur)

1. Kook die pasta in soutwater tot al dente.
2. Dreineer en voeg die olie by. Roer goed en sit eenkant om af te koel.
3. Voeg die ui, tuna, tamaties, agurkies en Dip en Top doopsous by die pasta en roer goed.
4. Hou in die yskas tot reg vir voorsit.
5. Garneer met vars kruie.

Hoenderpastaslaai

4-6   15 min.   10 min.

300 g	droë pasta
30 ml	olyfolie
1	ui, fyngekap
1	groenrissie, fyngekap
410 g	ingelegde perskes of vars mango
125 ml	korente
250 g	gerookte hoenderborsies, in repies gesny
250 ml	mayonnaise
15 ml	kerriepoeier (Rajah), mediumsterkte
30 ml	blatjang (*chutney*)

1. Kook die pasta in soutwater tot al dente.
2. Dreineer en voeg die olie by. Roer goed en sit eenkant om af te koel.
3. Voeg die ui, groenrissie, perskes, korente en hoender by.
4. Meng die kerriepoeier en die blatjang met die mayonnaise en voeg by.
5. Meng alles deur en plaas in yskas.

Hoenderpastei

6-8 | 15 min. | 4 ure | 40 min.

1 heel	hoender
250 g	vars sampioene
1 blik	sampioenroomsop
1 rol	skilferdeeg (*Puff Pastry*)
1	eier
	Sout en peper

1. Sit die heel hoender in die prutpot sonder water en kook tot sag (4 ure op hoog en 8 ure op laag).
2. Verwyder uit die prutpot en dreineer, maar behou die aftreksel.
3. Ontbeen die vleis en maak dit fyn. Hou eenkant.
4. Voorverhit die oond teen 180 °C.
5. Braai die sampioene in die olie.
6. Voeg die hoender, hoenderaftreksel en sampioenroomsop by.
7. Geur met sout en peper en kook 10 minute oor matige hitte.
8. Skep die mengsel in 'n oondbak (32x23 cm).
9. Plaas die deeg bo-oor.
10. Klits die eier en verf oor die deeg.
11. Bak vir 30-40 minute tot goudbruin in voorverhitte oond.

Wenk
Plaas die hoender die vorige aand in die prutpot. Dit vergemaklik die resep vir die volgende dag en versnel die proses.

Biltongrisotto

4   25 min.   20 min.   Melanie van Biljon

1	ui, fyngekap
30 ml	botter
15 ml	olyfolie
250 ml	Arboriorys, rou
250 ml	vonkelwyn of witwyn
1 ℓ	hoenderaftreksel
180 ml	parmesankaas, fyngerasper
250 ml	biltong, in stukkies gesny
	Sout en peper na smaak

1. Laat botter op lae hitte smelt, voeg olie by en braai ui tot sag.
2. Voeg Arboriorys by en meng goed tot al die rys met botter bedek is.
3. Voeg wyn by en roer tot die alkohol verdamp het.
4. Voeg hoenderaftreksel by.
5. Laat vir omtrent 20 minute prut tot die vloeistof byna verdamp het.
6. Voeg kaas by en roer baie goed totdat die Risotto lekker romerig is.
7. Voeg biltong by of skep oor wanneer bedien.
8. Voeg ekstra sout by indien nodig, maar hoenderaftreksel het reeds sout in.
9. Bedien dadelik.

Wenk
Gebruik goeie kwaliteit bestanddele omdat al die bestanddele letterlik geproe kan word. Ina Paarman se sakkies hoenderaftreksel werk die beste.

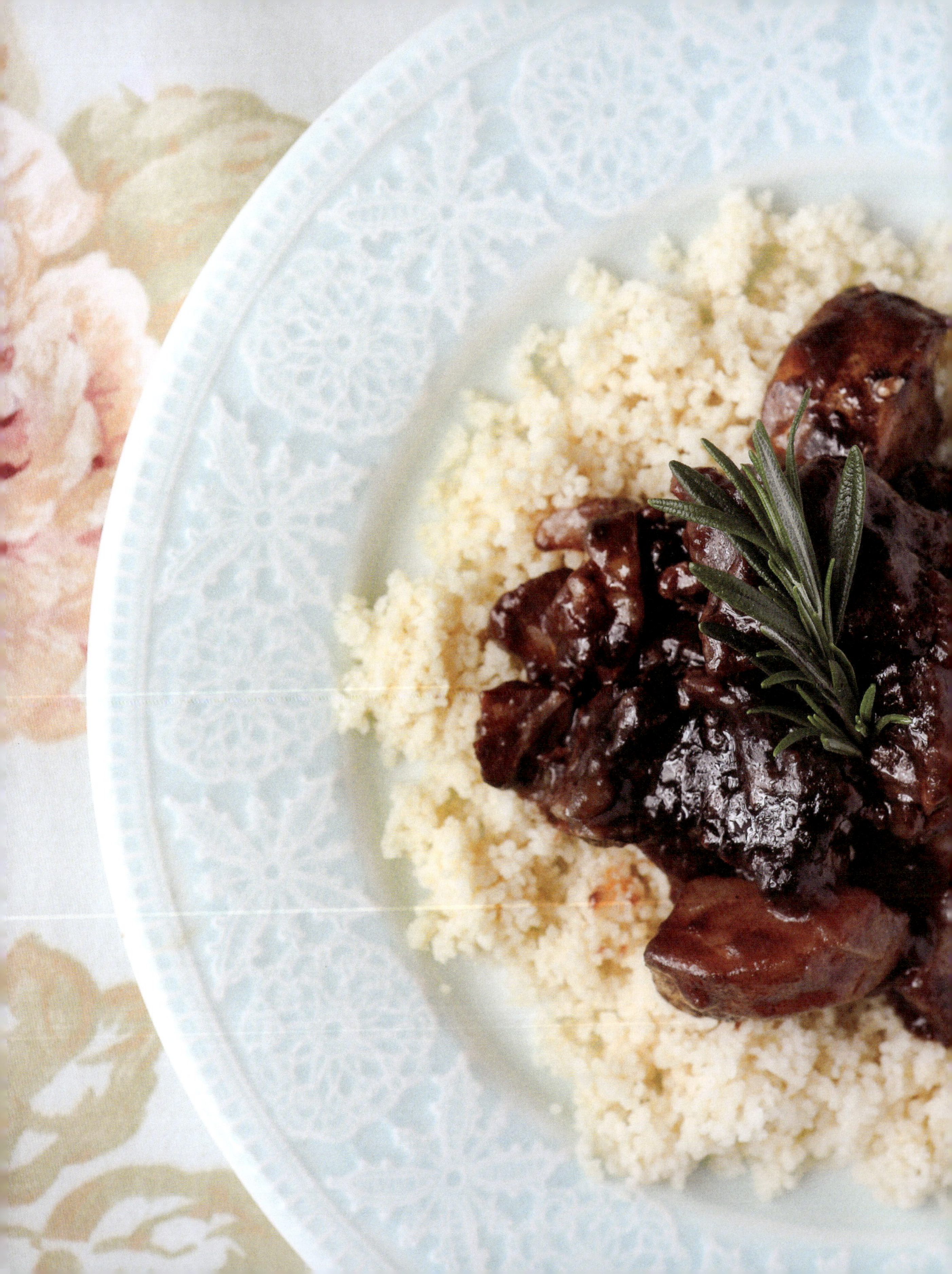

Lamspotjie

4-6   10 min.   8 ure

1 kg	lamsvleis (potjie)
250 ml	rooiwyn
1 pakkie	*Dry Cook-in-Sauce* (Knorr se *Country Beef Stew*)
8	baba-aartappels
125 ml	gesnyde boontjies (opsioneel)
5 ml	gerookte paprika (opsioneel)
	Sout en peper

1. Meng rooiwyn en die pakkie sous saam.
2. Plaas vleis, aartappels, boontjies en sous in die prutpot.
3. Sit jou prutpot op laag (ongeveer 8 ure).
4. Meng paprika in net voor jy dit opdien.
5. Sout en peper na smaak.

Wenk
Om 'n pot wat aangebrand het, skoon te kry, gooi 'n bietjie asyn in en laat oornag staan. Was dit daarna met warm water.

Spaghetti Bolognese

4-6 | 40 min. | 30 min.

1 kg	maalvleis
1 blik	tamatie-en-uiesmoor
220 g	tamatiepastasous (All Joy *Tomato & Basil Pasta Sauce*)
15 ml	bruinsuiker
10 ml	Italiaanse kruie
5 ml	gerookte paprika (opsioneel)
	Sout en peper na smaak

1. Braai die maalvleis in 'n bietjie olie tot gaar.
2. Voeg die tamatiesmoor en pastasous by.
3. Voeg die suiker, kruie, sout en peper by.
4. Maak spaghetti volgens aanwysings op die pakkie aan.
5. Bedien maalvleis saam met spaghetti.

Die resep dien as basis vir baie ander resepte, onder andere vir Lasagne en Nachos.

Lasagne

4-6   40 min.   30 min.

1 kg	maalvleis
1 blik	tamatie-en-uiesmoor
220 g	tamatiepastasous (All Joy *Tomato & Basil Pasta Sauce*)
15 ml	bruinsuiker
10 ml	Italiaanse kruie
5 ml	gerookte paprika (opsioneel)
	Sout en peper na smaak

Witsous:

2 pakkies	wituiesoppoeier
1 ℓ	melk (750 ml melk en 250 ml room kan ook gebruik word)
	Lasagnevelle
	Kaas

1. Braai die maalvleis in 'n bietjie olie tot gaar.
2. Voeg die tamatiesmoor en pastasous by.
3. Voeg die suiker, kruie, sout en peper by.
4. Kook melk en uiesop op die stoof tot dik en gaar.
5. Skep 'n klein bietjie maalvleis onder in die oondbak.
6. Pak 'n laag lasagnevelle.
7. Skep 'n laag vleis, dan witsous.
8. Herhaal en eindig met witsous.
9. Rasper kaas bo-oor en laat vir 30 minute staan.
10. Bak in die oond vir 30 minute teen 180 °C.

Nachos

6   20 min.

2 Pakke	*Sweet Chilli Pepper* Doritos
1 kg	maalvleis
1 blik	tamatie-en-uiesmoor
220 g	tamatiepastasous (All Joy *Tomato & Basil Pasta Sauce*)
15 ml	bruinsuiker
10 ml	Italiaanse kruie
5 ml	gerookte paprika (opsioneel)
	Sout en peper na smaak
	Cheddarkaas
1	avokadopeer
	Roomkaas of styfgeklopte suurroom na smaak

1. Braai die maalvleis in 'n bietjie olie tot gaar.
2. Voeg die tamatiesmoor en pastasous by.
3. Voeg die suiker, kruie, sout en peper by.
4. Pak Doritos onder in die bord.
5. Skep maalvleis bo-oor.
6. Rasper kaas bo-oor en laat dit onder die rooster van die oond smelt.
7. Bedien met roomkaas en avokadopeer.

Wenk

Rasper kaas voordat jy dit vries, anders verbrokkel dit wanneer dit gerasper word na dit ontvries is.

Frikadelle

4 · 10 min. · 25 min. · Adri Hanekom

500 g	maalvleis
80 ml	ongegeurde jogurt
1 pakkie	bruinuiesoppoeier

1. Meng alle bestanddele saam.
2. Neem eetlepelsvol van bogenoemde mengsel en maak balletjies.
3. Plaas balletjies in oondskottel met 'n bietjie olie.
4. Bak in oond teen 180 °C vir 25 minute.

Tunagereg

4-6   15 min.   25 min.

1 blik	tuna
1	ui, gerasper
3	eiers, geklits
1 k	gerasperde kaas
30 ml	mayonnaise
4 k	rys, gaar
10 ml	Italiaanse kruie
	Sout en peper

1. Meng al die bestanddele. Skep in opdienbakkies (*ramekin-bakkies*) vir voorgereg of in 'n 25 cm-tertbak vir hoofgereg.
2. Rasper ekstra kaas bo-oor indien verkies.
3. Bak teen 180 °C vir 25 minute.
4. Bedien saam met slaai vir 'n heerlike middagete.

Wenk
Die gereg is heerlik met oorskietrys.

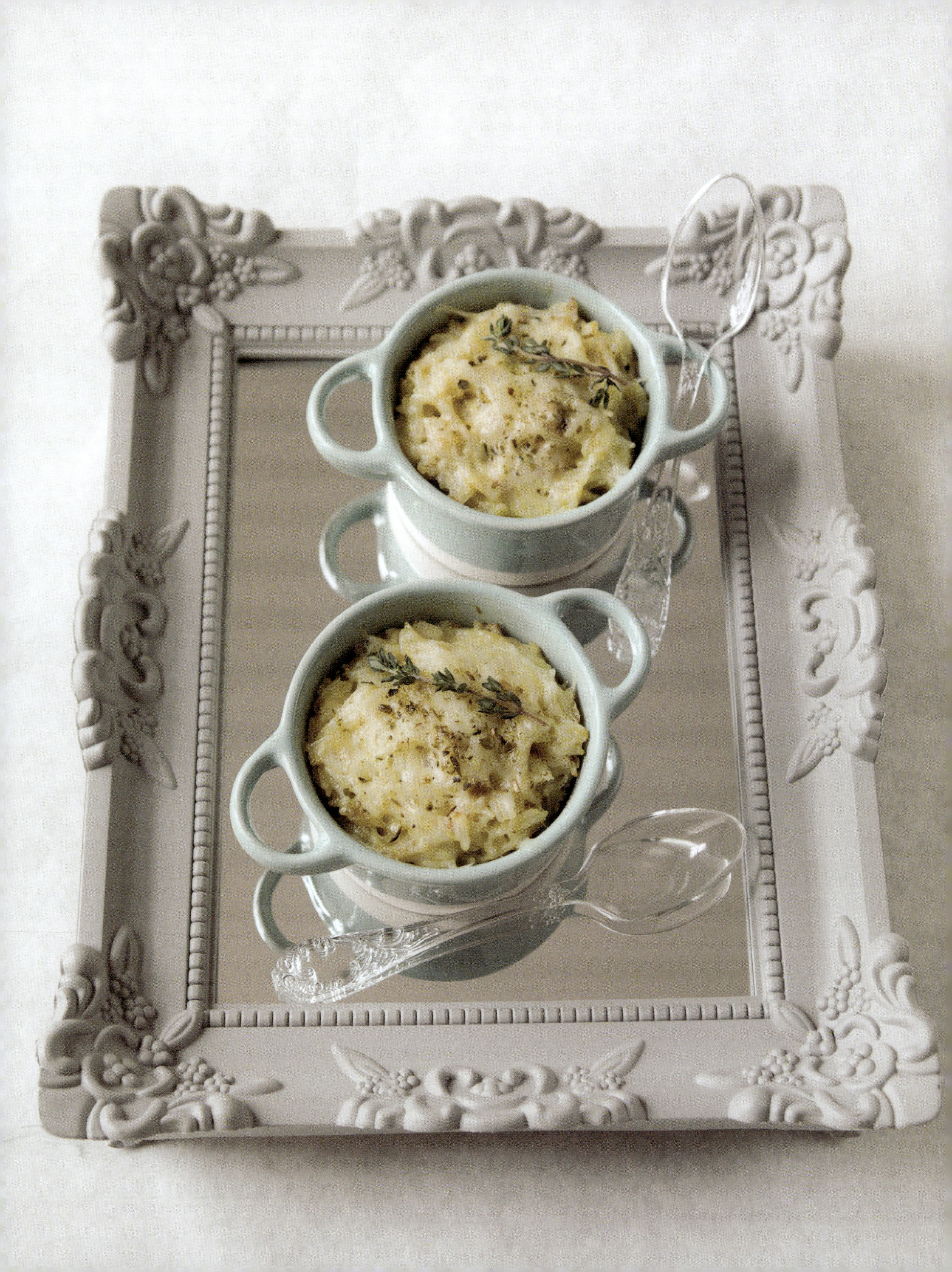

Visvingerpastei

4-6 | 15 min. | 20 min.

1 blik	tamatie-en-uiesmoor
16	bevrore visvingers
1 pakkie	sampioensoppoeier
250 ml	vars room
5 ml	Italiaanse kruie
	Gerasperde kaas

1. Braai visvingers half gaar.
2. Plaas visvingers in 'n bak (20x20 cm).
3. Skep tamatie-en-uiesmoor oor.
4. Meng soppoeier, room en kruie.
5. Gooi bo-oor vis en strooi gerasperde kaas oor.
6. Bak 20 minute teen 180 °C.

Salmlasagne

4-6 | 45 min. | 30 min.

400 g	swartsampioene, groot
400 g	salm (blikkie)
230 g	salmgeur-roomkaas
1 pakkie	wituiesoppoeier
500 ml	melk
	Lasagnevelle
	Wit cheddarkaas

1. Sny sampioene in repies en braai in olie.
2. Kook melk en wituiesoppoeier op die stoof tot dik en gaar. Meng roomkaas in.
3. Verwyder die bruin velletjies van die salm asook die grate.
4. Meng die salm met die sampioene.
5. Skep 'n bietjie van die salm en sampioene onder in die oondbak (30x20 cm).
6. Gooi bietjie witsous oor.
7. Pak 'n laag lasagnevelle.
8. Herhaal en eindig met witsous.
9. Rasper kaas bo-oor en laat vir 30 minute staan.
10. Bak in die oond vir 30 minute teen 180 °C.

Viskoekies

6   30 min.   15 min.

400 g	vis, gaar en fyn
250 ml	aartappels, gaar en fyngemaak
15 ml	pietersielie, fyngekap
30 ml	botter, gesmelt
1	eier geklits
15 ml	melk
	Droë broodkrummels
	Sout en peper

1. Strooi sout en peper oor die vis, voeg die aartappels, pietersielie, botter en eier by.
2. Meng geklitste eier met melk en sit eiermengsel eenkant.
3. Vorm plat, ronde koekies, rol dit in fyn droë broodkrummels, dan in geklitste eiermengsel en weer in krummels.
4. Maak seker dat die koekies redelik styf inmekaar vasgedruk is en plaas 'n rukkie in die yskas sodat dit makliker gebraai kan word.
5. Braai alkante in diep olie bruin.
6. Dien warm op met suurlemoenskyfies.

Wenk
2 koppies vis is ongeveer 400 g.

Brokkolislaai

4-6   20 min.   15 min.

Sous:

2	eiers
5 ml	suiker
10 ml	mielieblom (*Maizena*)
5 ml	mosterdpoeier
¼ k	asyn
¼ k	water
45 ml	margarien
½ k	mayonnaise

4 k	rou brokkoli
1 k	cheddarkaas, in blokkies gesny
6-8 repies	gaar spek
2 k	rou sampioene
½ k	amandel-splinters
1 blik	mandaryne (sonder sous)
½	ui
1	tros druiwe

1. Voeg die bestanddele van die sous bymekaar, behalwe die margarien en mayonnaise.
2. Klits en roer op die stoof tot dik.
3. Haal van die stoof af.
4. Sit margarien en mayonnaise by mengsel.
5. Meng al die slaaibestanddele in 'n slaaibak.
6. Gooi sous 1½ uur voor die tyd oor slaai.

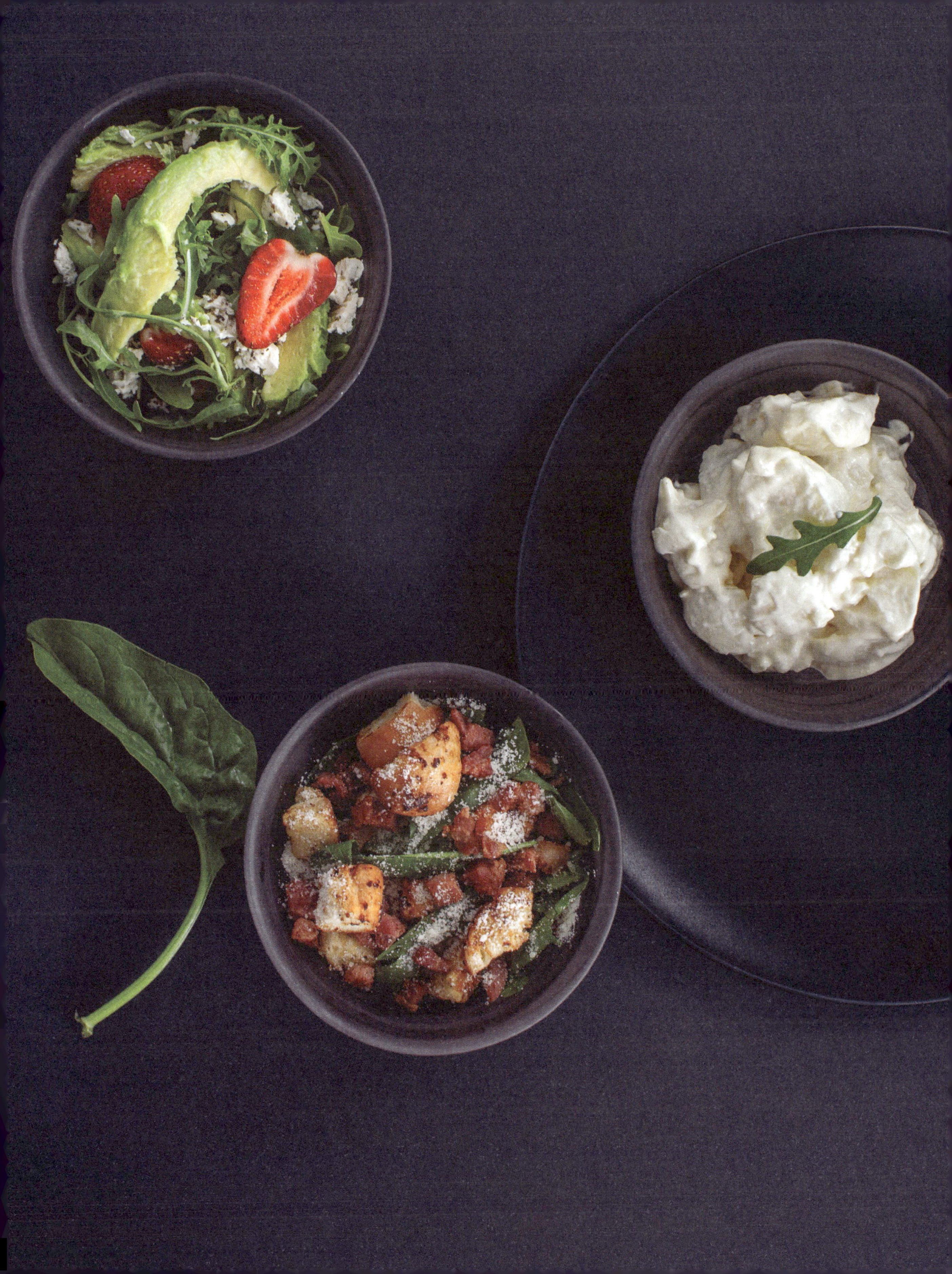

Slaai

4-6   20 min.

Aartappelslaai

½ blik	kondensmelk	
250 ml	mayonnaise	
5 ml	mosterdpoeier	
6	aartappels, middelslag	

1. Skil aartappels, kook in soutwater tot sag en sny in blokkies.
2. Meng orige bestanddele en roer dit by die afgekoelde aartappelblokkies.

Aarbei-&-fetaslaai

12	aarbeie
1 wiel	fetakaas
1	avokadopeer
1 pakkie	roketblare
100 g	versuikerde neute (opsioneel)

1. Halveer die aarbeie.
2. Skil die advokadopeer en sny in repies.
3. Meng aarbeie, advokadopeer en roketblare in 'n slaaibak.
4. Krummel die fetakaas bo-oor.
5. Strooi die versuikerde neute bo-oor.

Spinasieslaai

1 pak	spinasieblare, in repies gesny
1 pakkie	gebraaide broodblokkies (*croutons*)
1 pakkie	spekblokkies, hardgebraai
30 ml	fyn parmesankaas, garnering

1. Meng spinasieblare, broodblokkies en spekblokkies.
2. Strooi parmesankaas vir garnering oor.

Wenk
Plaas slaaiblare in 'n papiersak en dan in die yskas. Moenie die buitenste blare afhaal nie; los dit daar totdat jy die slaaiblaar gaan gebruik. Die slaaiblare sal langer hou.

Gemmerkoekiepatats

6-8   10 min.   25 min.   Myrtle du Toit

1 pak	gemmerkoekies
500 g	patats
60 ml	botter
100 ml	suiker

1. Maak die gemmerkoekies in voedselverwerker fyn tot krummels.
2. Skil patats en sny in dik of dun skywe en plaas in kastrol met 'n klein bietjie water. Kook in vlak water en draai versigtig om sodra die water sterk borrel.
3. Gooi dan 'n laag suiker oor, 'n lagie fyn gemmerkoekie-krummels, klontjies botter.
4. Plaas deksel op en prut op lae hitte tot sag en stroperig.
5. Dit behoort binne 30 minute gereed te wees en vries baie goed.

Patatrolle

8   10 min.   25 min.

1 rol	skilferdeeg
1 kg	patats
250 ml	bruinsuiker
250 ml	room

1. Skil patats en sny in blokkies.
2. Kook patats tot baie sag; voeg helfte van die suiker by.
3. Maak seker dat die deeg kamertemperatuur is.
4. Smeer die patat op die deeg en rol op.
5. Sny in 2 cm skywe en pak in gesmeerde bak.
6. Meng die room en res van die suiker.
7. Gooi oor die patatrolle.
8. Bak 30 minute teen 200 °C.

Groentepot

4 | 20 min. | 20 min.

4	aartappels
2	patats
2	uie
1	botterskorsie
10	boontjies
4	wortels
1 pakkie	wituiesoppoeier
250 ml	mayonnaise
62 ml	melk

1. Meng soppoeier, mayonnaise en melk. Hou eenkant.
2. Smeer 'n lagie olie oor die oppervlak van die pot.
3. Skil groente en sny groente in skyfies.
4. Begin met aartappels en plaas die groente laag vir laag in. Eindig met aartappels.
5. Gooi sout oor elke tweede laag.
6. Stoom sag oor baie lae hitte; moenie water bygooi nie.
7. Sodra die boonste aartappellaag sag is, gooi sous oor en kook vir 'n verdere 10 minute.

Wenk
Wanneer sop of bredie te sout is, sny 'n paar aartappels en gooi dit in die sop. Wanneer die aartappels gaar is, haal dit uit die sop of bredie en gooi weg. Die sop sal minder sout wees, want die aartappels absorbeer sout.

Bierbroodjie

6   10 min.   45 min.

1 blikkie	Amstel Lager bier
125 ml	suiker
500 g	bruismeel
	'n Knippie sout

1. Plaas die meel, suiker en sout in 'n bak.
2. Voeg die bier stadig by en meng goed. Knie dit 'n bietjie.
3. Plaas in gesmeerde broodpannetjie (22x12x5 cm) en bak teen 180 °C vir 45 minute.
4. Draai brood in 'n doek toe wanneer dit uit die oond kom.
5. Jy kan dit dadelik bedien of warm in 'n teedoek hou.

Variasie: Bruismeel kan vervang word met *Bran Rich Self-Rasing Wheat Flour* vir 'n bruinbroodjie.

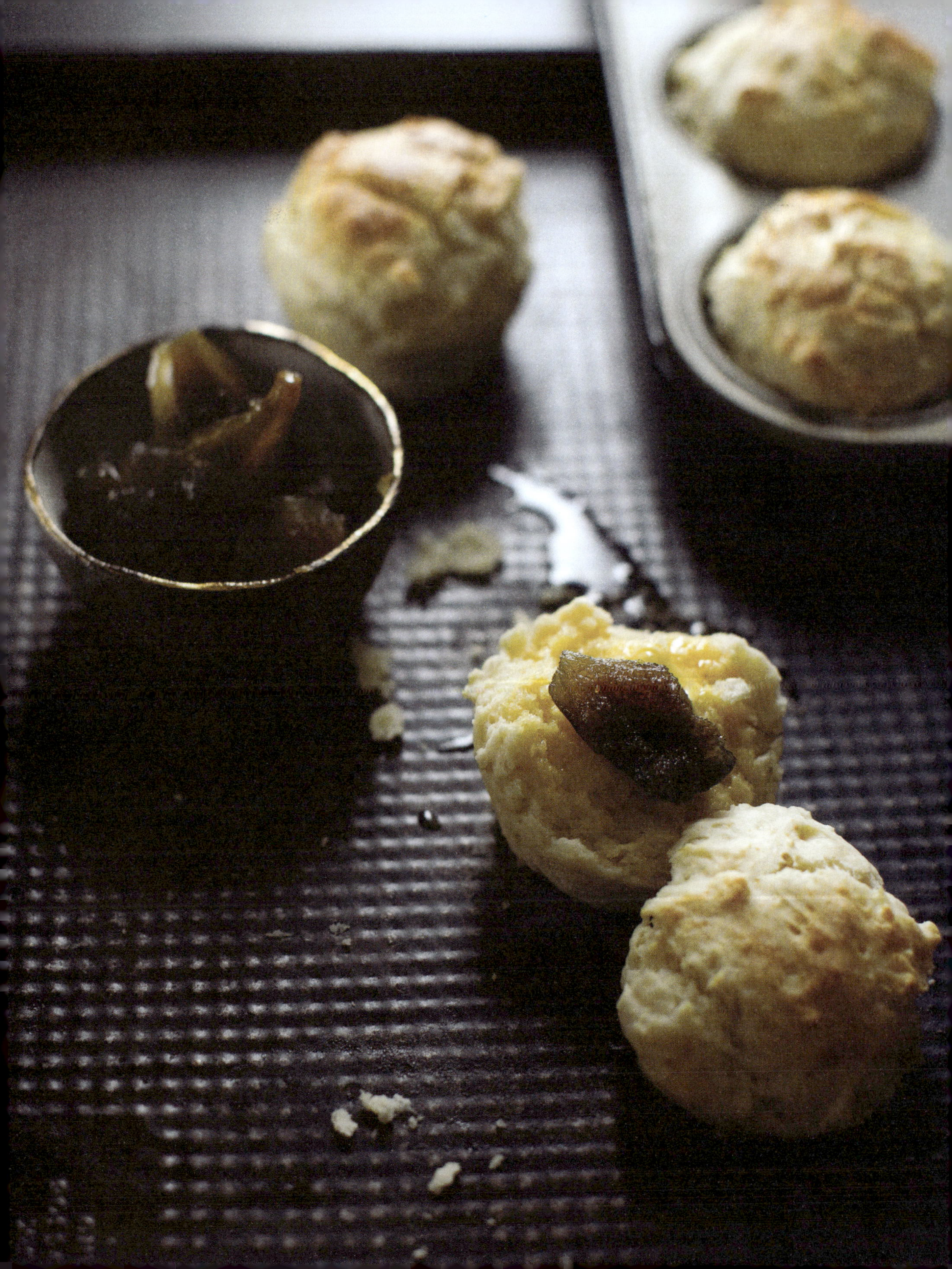

Veerligte Skons

12   10 min.   20 min.   Marine Rooi

500 g	bruismeel
250 ml	Sprite
250 ml	room
	'n Knippie sout

1. Sif die meel en sout saam.
2. Meng die Sprite en room by.
3. Plaas lepelsvol deeg in 'n gesmeerde muffinpannetjie en bak vir 20 minute teen 180 °C.

Kaas-en-uiebrood

🍴 6   🕐 15 min.   🔥 60 min.

500 g	bruismeel
2 ml	sout
1 bakkie	kaas-en-uie-doopsous
350 ml	karringmelk
1	ui, in dun ringe gesny
250 ml	cheddarkaas, gerasper

1. Sif die meel en sout saam.
2. Voeg die doopsous, karringmelk, helfte van die uieringe en die helfte van die kaas by.
3. Roer dit goed deur en skep die mengsel in 'n gesmeerde en gevoerde broodpan (23x13 cm).
4. Sprinkel die res van die uieringe en kaas bo-oor en bak vir 50-60 minute in 'n voorverhitte oond van 180 °C totdat 'n toetspen skoon uitkom.
5. Haal uit die oond en laat vir 5 minute afkoel. Haal dan die brood uit die pan en laat dit op 'n draadrak verder afkoel.

Pizzadeeg

4x30 cm pizzas   45 min.   15 min.   Coia de Villiers

1 kg	witbroodmeel of koekmeel
10 g	kitsgis
10 ml	sout
15 ml	suiker
45 ml	olyfolie of gesmelte botter
500 ml	louwarmwater

1. Meng 'n koppie van die meel met die res van die bestanddele en meng deur tot goed gemeng.
2. Voeg die res van die meel by tot 'n lekker, hanteerbare deeg.
3. Knie dit verder totdat dit 'n bal vorm en plaas in 'n bak om te rys.
4. Sit oond aan en plaas die deeg in 'n bak bo-op die oond sodat die hitte van die oond deeg help rys.
5. Laat rys vir 30 minute.
6. Knie deeg af en rol uit.
7. Plaas op bakpapier op bakplaat.
8. Druk gaatjies met 'n vurk in die deeg om te voorkom dat dit opblaas tydens die bakproses.
9. Smeer tamatiesmoor oor kaas en dan verskillende bestanddele volgens jou smaak.
10. Bak 15 minute teen 200 °C.

Biltong-en-kaasstrooitjies

16   45 min.   25 min.

2 rolle	skilferdeeg, ontdooi
100 g	biltong, fyn
250 ml	chedderkaas, gerasper
1	ui, fyngekap
25 ml	growwe sout
	Gerookte paprika

1. Rol elke rol skilferdeeg 3 mm dik in 'n reghoek uit op 'n meelbestrooide oppervlak.
2. Meng biltong, kaas, ui en parika.
3. Versprei biltongmengsel eweredig oor een reghoek.
4. Plaas ander reghoek bo-op en druk liggies vas.
5. Sny deeg in 15x150 mm breë repe.
6. Draai deegrepe spiraalvormig en plaas op 'n gesmeerde bakplaat.
7. Strooi gerookte paprika en growwe sout oor.
8. Bak spirale 20-25 minute teen 200 °C of tot uitgepof en goudbruin.
9. Sit warm of koud voor.

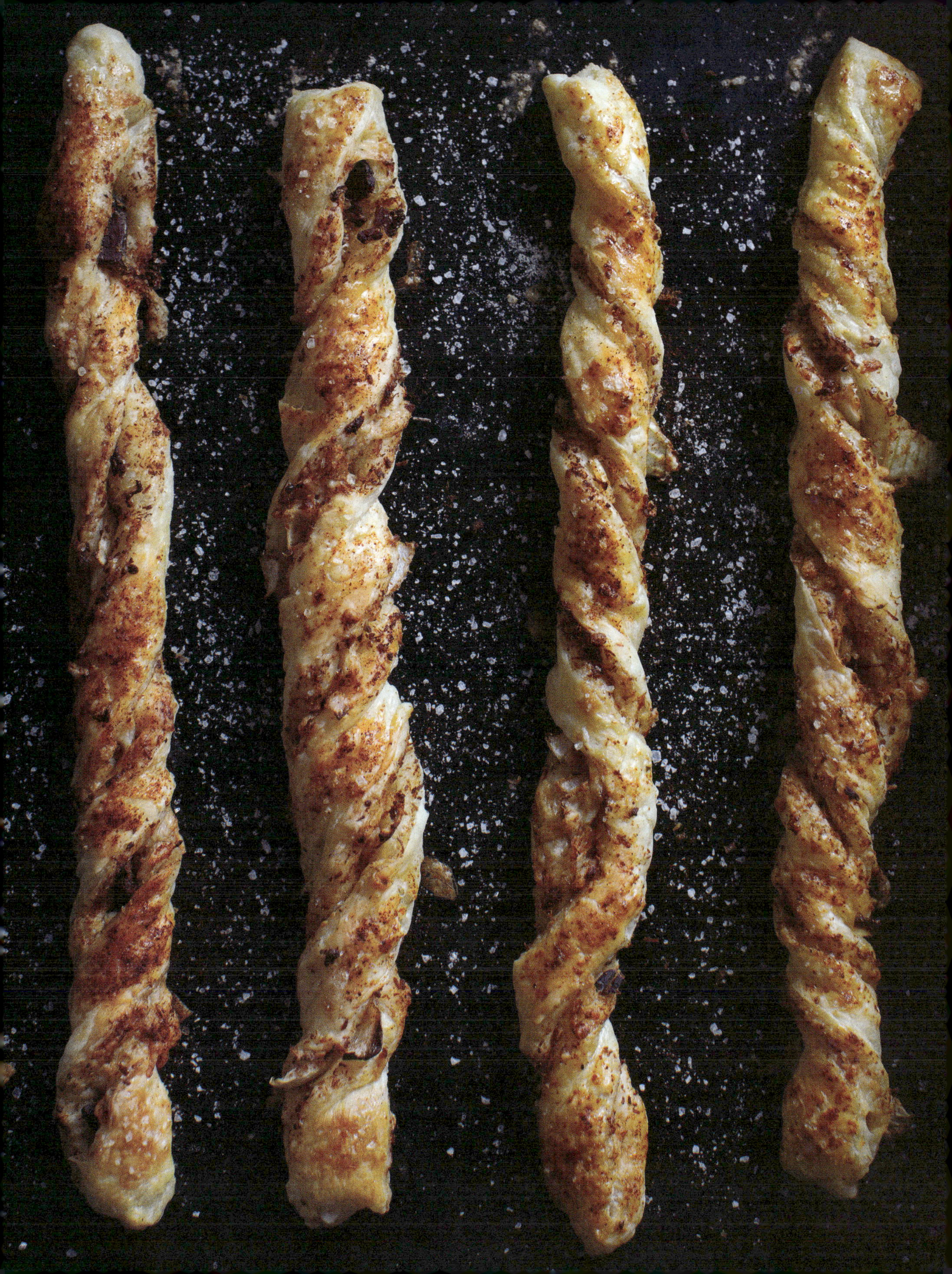

Suurlemoenstroop

2.5 ℓ   15 min.   10 min.

1 kg	suiker
1,5 ℓ	water
2	suurlemoene, die skille, in repies gesny
500 ml	vars suurlemoensap

1. Meng al die bestanddele in 'n kastrol.
2. Bring tot kookpunt en roer aanhoudend sodat die suiker oplos.
3. Laat vir 10 minute prut.
4. Die stroop moet afkoel voor jy dit in bottels gooi.
5. Hou dit in die yskas.

vir jou sal ek die sterre opkommandeer
om te pronk soos verjaarsdagkersies
en die wolke aanhits om al jou drome
met 'n silwer randjie te bedien, want
vir jou staan die maan uit sy stoel uit op
en sien die berge jou as hul held wanneer hulle
meet wie die hoogste piek kan bereik
en ek, kan nie my geluk glo dat ons
skaduwees soms oor mekaar mag val nie.

– kaalwoorde

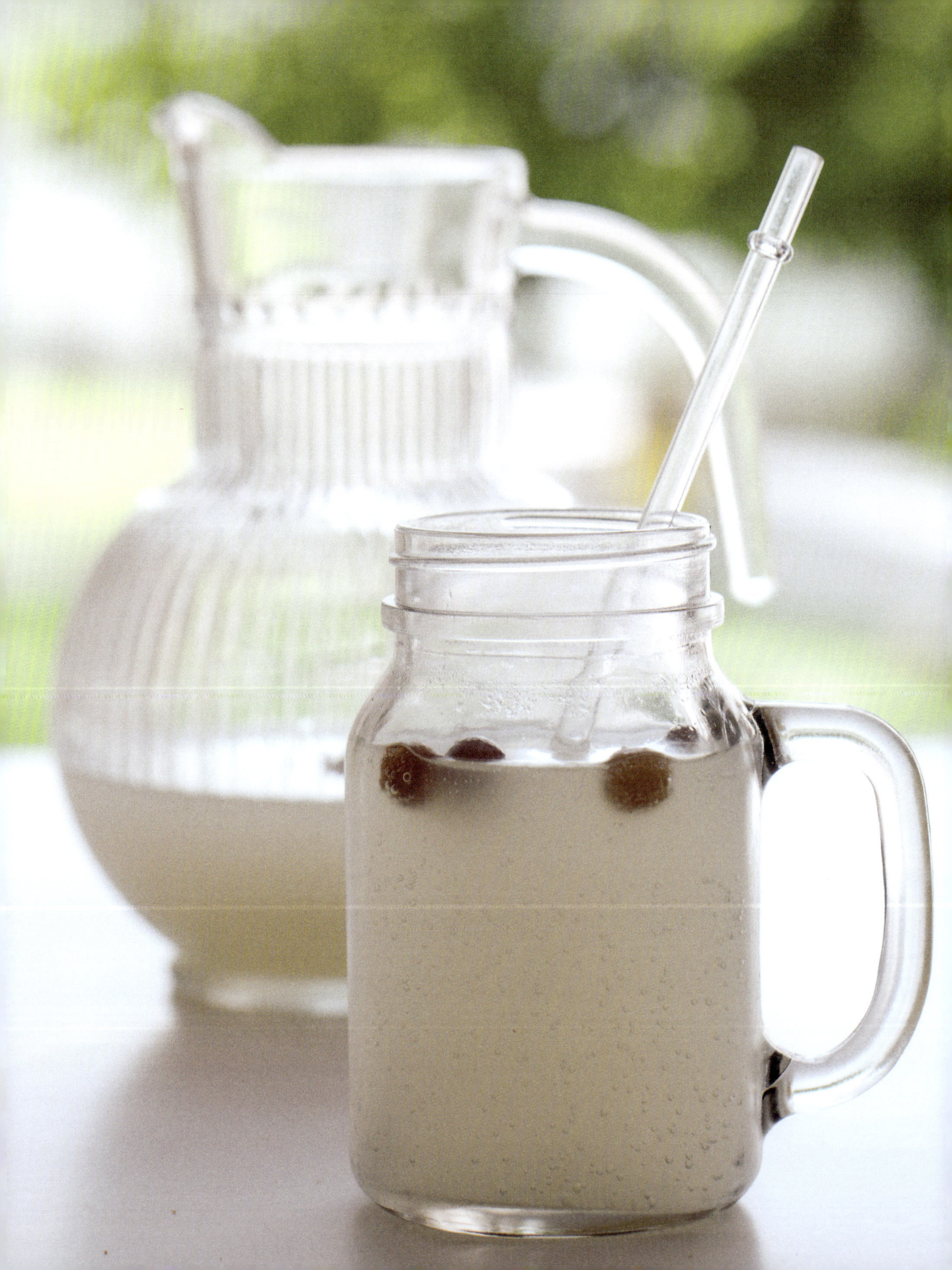

Gemmerbier

10 ℓ | 15 min. / 12-14 uur / Staan oornag | Mariaan de Jager

9 ℓ	water
7-8 k	suiker
20 ml	Jamaika gemmer (Lennon)
10 ml	kitsgis
	Rosyntjies

1. Meng alles, behalwe die rosyntjies, in 'n emmer saam.
2. Roer totdat die suiker opgelos is.
3. Gooi 5 rosyntjies in elke leë Cokebottel en vul dit ¾ met die gemmerbier.
4. Draai die bottels se doppies losweg op.
5. Laat gemmerbier 12-14 uur staan.
6. Draai dan styf toe en plaas in yskas.

Wenk
Wanneer die rosyntjies bo dryf, is die gemmerbier reg.

Groentesop

6-8   10 min.   8 ure

700 g	groentesopmengsel, vars en grofgekap (*chunky*)
300 g	sopvleis
1 pakkie	beesstertsoppoeier
60 ml	4-in-1 *Soup Mix* (Lion)
1,5 ℓ	water
5 ml	kerriepoeier (Rajah), mediumsterkte
5 ml	gerookte paprika
1 ml	witpeper
100 g	tamatiepasta

1. Voeg die groente, sopvleis, soppoeier, 4-in-1 sopmengsel en water in 'n prutpot.
2. Stel temperatuur op laag vir 8 ure.
3. Voeg kerriepoeier, paprika, witpeper en tamatiepasta by.
4. Haal bene uit die sop.
5. Druk sop fyn met 'n stamper (*masher*).

Wenke

Oormaat vet in sop:

Neem 'n paar ysblokkies en sit dit in die sop en roer. Voordat die ys heeltemal smelt, haal die blokkies uit. Die vet klou aan die blokkies vas.

'n Ander idee is om die sop vir 'n paar uur in die yskas te sit. Die vet word dan hard en kan maklik afgeskep word.

Mosselsop

4   10 min.   25 min.

1	ui, middelslag
1	groenrissie (*green pepper*)
250 g	sampioene
250 ml	melk
250 ml	water
1 pakkie	sampioensoppoeier
1 blikkie	mossels
1 blikkie	tuna
250 ml	room

1. Braai ui, groenrissie en sampioene in botter.
2. Maak sop met melk en water aan.
3. Kook alles saam tot dik.
4. Voeg blikkie tuna, mossels en room by.
5. Bedien met fyngerasperde kaas.

Wenk
Vir 'n dunner sop, voeg ekstra room of melk by.

Cassata met 'n kinkel

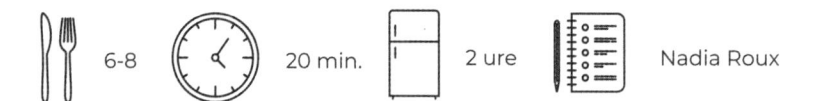

6-8 | 20 min. | 2 ure | Nadia Roux

4 k	Corn Flakes
½ bottel	growwe grondboontjiebotter
60 ml	gouestroop
2 ℓ	roomys, vanieljegeur
1 blikkie	karamelkondensmelk
250 ml	room, geklits
1 stafie	Flake-sjokolade
	Geroosterde grondboontjies vir bolaag

1. Maak Corn Flakes fyn.
2. Meng met grondboontjiebotter en gouestroop om 'n taai kors te maak.
3. Druk die taai mengsel in 'n roomysbak vas en plaas in yskas.
4. Maak die roomys 'n bietjie sagter; smeer oor kors.
5. Smeer 'n blik karamel oor, dan 'n laag geroosterde grondboontjies.
6. Klits 250 ml room, smeer dit oor en strooi die Flake oor.
7. Vries tot gebruik.

Jogurttert

6-8 | 15 min. | Mikrogolf: 5 min. | 60 min.

1 pakkie Tennisbeskuitjies, fyn gedruk
1 blikkie kondensmelk
60 ml botter, gesmelt
500 ml jogurt

1. Meng beskuitjies en botter om tertkors te vorm in ronde tertbak (25 cm).
2. Meng kondensmelk en jogurt saam.
3. Gooi in tertkors.
4. Plaas in mikrogolf vir 5 minute op hoog.
5. Plaas in yskas om te stol.
6. Die geur van die jogurt bepaal die geur van die tert.

Variasie: Grenadellajogurt werk goed saam met die Tennisbeskuitjies.

Gebruik gemmerkoekies vir die kors wanneer jy Kaapse vrugtejogurt gebruik.

Gebruik *Romany Creams* vir die kors wanneer sjokoladejogurt gebruik word.

Gebruik *Lemon Creams* vir die kors saam met suurlemoenmeringue-jogurt.

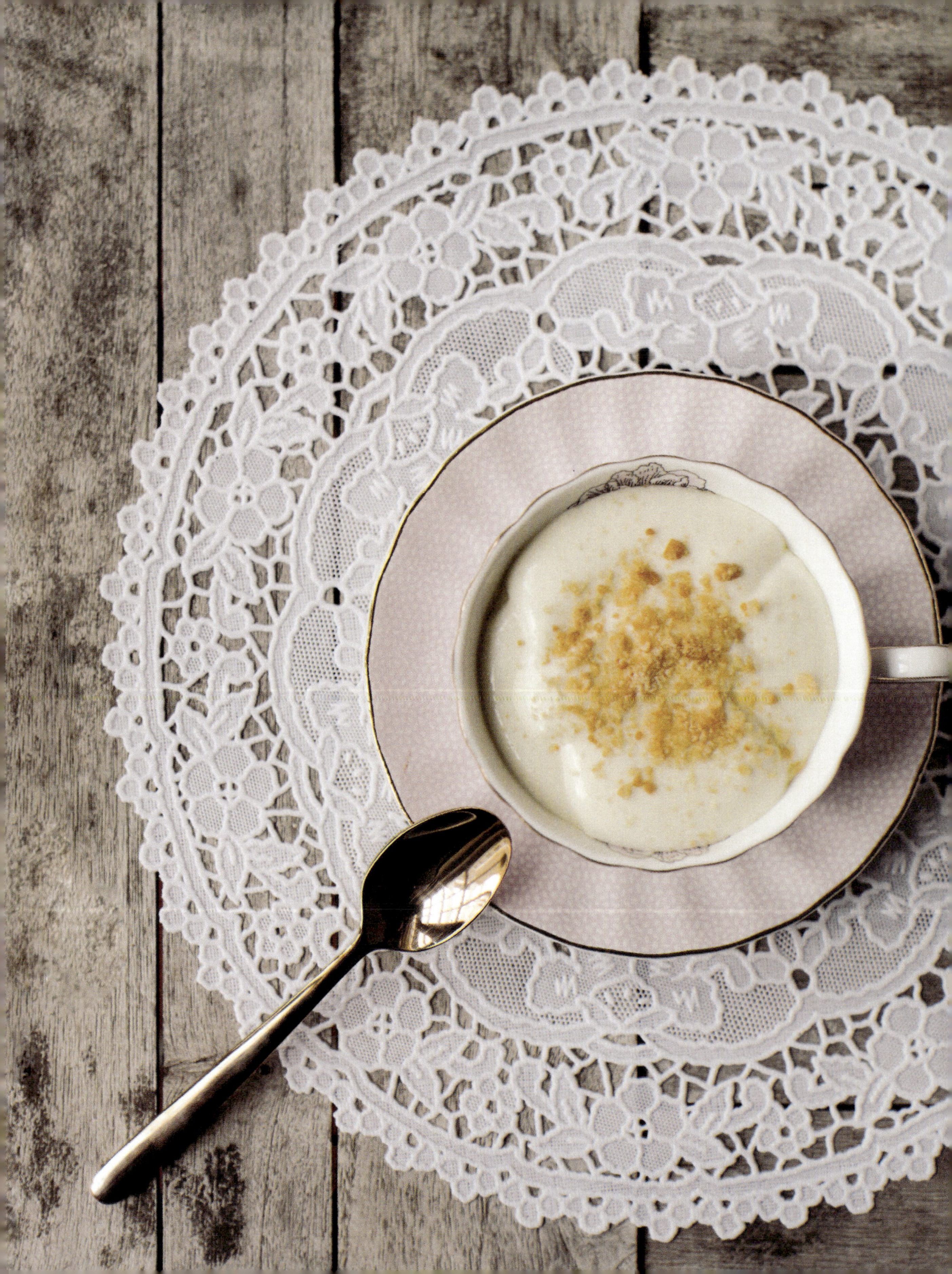

Cremoratert

8   20 min.   2 ure

250 ml	Cremora
125 ml	warm water
1 blikkie	kondensmelk
100 ml	suurlemoensap
1 pak	Tennisbeskuitjies

1. Meng die Cremora en warm water.
2. Voeg die kondensmelk by en klits vir 7 minute met 'n elektriese klitser.
3. Voeg suurlemoensap by en klits weer vir 7 minute.
4. Pak Tennisbeskuitjies onder in 'n bak (25x25 cm).
5. Skep mengsel bo-oor.
6. Maak ongeveer 2 beskuitjies fyn en gooi bo-oor.
7. Laat dit in yskas stol.

Swartwoudkoekstruif

6   30 min.   Oornag

12	sjokolademuffins
1 blikkie	swartkersies
230 g	roomkaas
1 blikkie	kondensmelk
1	suurlemoen, die sap
125 ml	brandewyn
500 ml	room
	Whispers-sjokoladeballetjies, vir versiering
	Versiersuiker om oor te sif

1. Sny die sjokolademuffins in die helfte.
2. Dreineer die kersies.
3. Meng die roomkaas en kondensmelk goed en voeg die suurlemoensap by.
4. Pak 'n laag sjokolademuffins in 'n groot bak of in glase.
5. Gooi van die brandewyn oor die muffins.
6. Gooi 'n laag roomkaasmengsel oor die muffins en pak dan 'n laag kersies op.
7. Herhaal die proses.
8. Klop room styf en skep bo-op.
9. Versier met die Whispers.
10. Sif versiersuiker oor.

Sjokolademousse

4   10 min.   3 ure

150 g   malvalekkers
100 g   donker sjokolade
1 blikkie   ingedampte melk
(Ideal Milk)

1. Smelt malvalekkers, sjokolade en ⅓ blikkie ingedampte melk in die mikrogolf.
2. Klits die res van die ingedampte melk tot styf en vou mengsels bymekaar.
3. Skep in bakkies en laat dit in die yskas afkoel.

Wenk
Hierdie sjokolademousse is 'n heerlike versiersel vir sjokoladekoek.

Maklike Melktert

10-12   20 min.   Mikrogolf: 15 min.

1 blikkie	kondensmelk
3 blikkies	melk
45 ml	mielieblom (*Maizena*)
15 ml	vlapoeier
1 ml	sout
2	eiers
5 ml	vanieljegeursel
30 ml	botter
1 pak	Tennisbeskuitjies
	Kaneel

1. Gebruik die kondensmelkblikkie om die melk mee af te meet.
2. Meng kondensmelk en 2½ blikkies melk.
3. Meng mielieblom, vlapoeier, sout, eiers en vanieljegeursel met oorblywende halwe blikkie melk.
4. Voeg alles saam, klits en mikrogolf vir 7 minute op hoog.
5. Haal uit, klits weer en mikrogolf vir 5 minute.
6. Haal uit, klits weer en mikrogolf vir 3 minute.
7. Dit word van die kante af dik; maak dus seker dat die kante ook goed geroer word.
8. Klits weer en roer botter in.
9. Pak Tennisbeskuitjies onder in 'n bak (30x20 cm), smeer vulsel bo-oor en strooi kaneel op.
10. Verkoel in yskas.

Mikrogolf-fudge

10 | 15 min. | Mikrogolf: 15 min. | Lanéne van Rensburg

500 ml versiersuiker
1 blikkie kondensmelk
90 g botter
5 ml vanieljegeursel

1. Voeg versiersuiker, kondensmelk en botter in bak met 'n hoë rand.
2. Mikrogolf vir 3 minute teen 100%, haal uit en roer.
3. Mikrogolf vir 5 minute en roer.
4. Mikrogolf vir 3 minute en roer.
5. Mikrogolf vir 1-2 minute en roer.
6. Voeg vanieljegeursel by.
7. Gooi in gesmeerde bak (20x20 cm), wag 5-10 minute en sny.

Klapperys

1 dosyn   20 min.   60 min.

1 blikkie	kondensmelk
4 k	fyn klapper
2 k	versiersuiker
	Rooi/ pienk voedselkleursel

1. Meng die kondensmelk, klapper en versiersuiker in 'n mengbak totdat al die klapper en versiersuiker nat is van die kondensmelk.

2. Deel die mengsel in twee dele en kleur die een deel met 'n paar druppels rooi kleursel tot 'n pienk kleur.

3. Voer 'n leë 2 ℓ-roomysbak met kleefplastiek uit en druk die wit mengsel onder in die bak totdat die bodem egalig bedek is.

4. Sit bak in die vrieskas vir 10 minute – haal uit en sit dan die boonste pienk laag oor. Versprei egalig en druk vas.

5. Laat die klapperys ten minste vir 'n uur so in die yskas staan voordat dit uitgegooi en in blokkies gesny kan word.

Wenk
Dit is nogal moeilik om die kleursel egalig te meng. Indien jy haastig is, meng die kleursel met die kondensmelk en dan met die res van die bestanddele. Die klapperys gaan egter dan net een kleur wees.

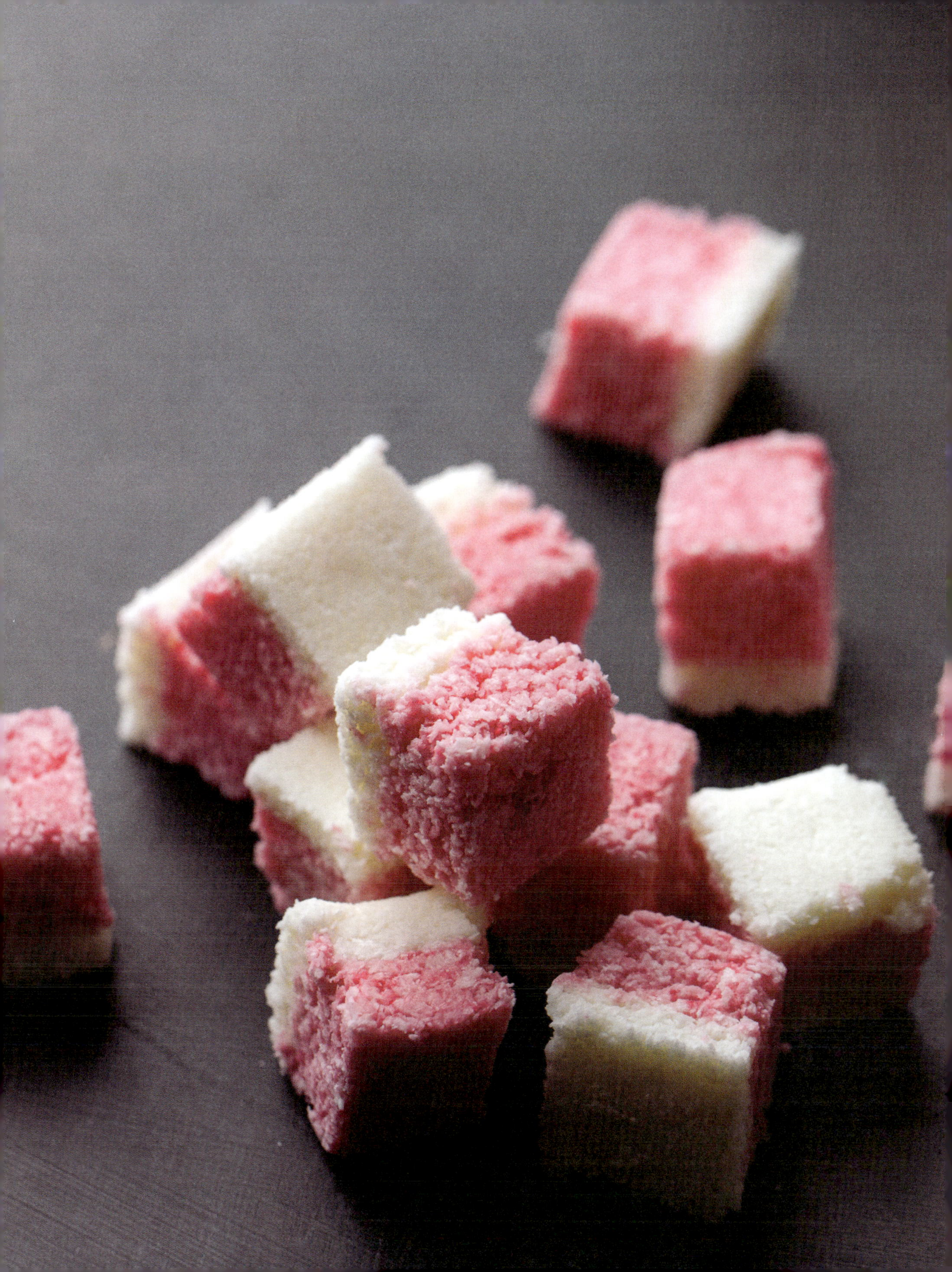

Malvalekkers

28 blokkies   30 min.   60 min.   Lizelle Lötter

30 ml	gelatien
125 ml	koue water
250 ml	kookwater
500 g	strooisuiker
30 ml	vanieljegeursel
1	eierwit
	'n Knippie sout
	Klapper

1. Week gelatien in koue water en los die gelatienmengsel op in kookwater.
2. Klits alles saam vir ongeveer 15-20 minute met 'n elektriese klitser op hoë spoed tot stywepuntstadium.
3. Skep in gesmeerde bak (30x20 cm).
4. Laat stol in yskas, sny en rol in klapper.
5. Bêre in yskas.

Karamelsous

6-8 | 15 min. | 5 min.

250 ml	suiker
125 ml	botter
250 ml	gouestroop
500 ml	melk of room
40 ml	vlapoeier
10 ml	vanieljegeursel
	'n Knippie sout

1. Gebruik 'n bietjie van die melk en los die vlapoeier daarin op.
2. Meng al die stroopbestanddele en kook vir 5 minute op die stoof.
3. Bedien met roomys, wafels of enige ander nagereg.

Grondboontjiesous

4 | 10 min. | 5 min. | Julita Lambrechts

70 g	grondboontjiebotter
1 blikkie	kondensmelk
125 ml	room of melk

1. Meng die grondboontjiebotter, kondensmelk en room in 'n kastrol.
2. Roer oor lae hitte tot glad. Dit moenie kook nie.
3. Gooi die sous oor roomys terwyl dit nog warm is.

Variasie: Strooi gekapte grondboontjies bo-oor.

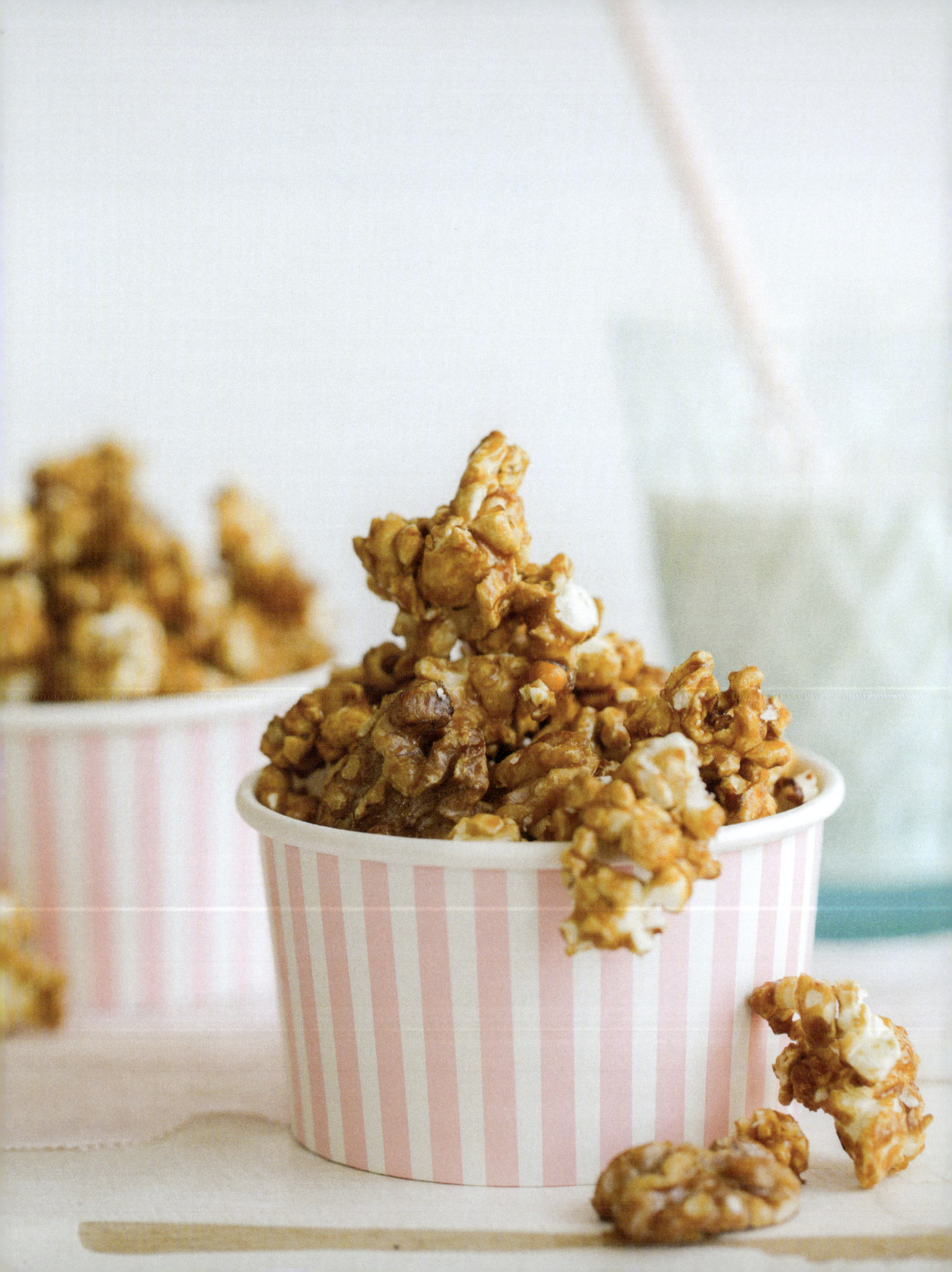

Karamelspringmielies

8   15 min.   30 min.

16 k   springmielies, klaar gespring
1 k   botter
1 k   bruinsuiker
⅓ k   stroop
5 ml   sout

1. Voorverhit die oond tot 180 °C.
2. Sit bakpapier op 'n bakplaat.
3. Spring die mielies in die mikrogolf of op die stoof.
4. Smelt die botter, bruinsuiker, stroop en sout in 'n kastrol. Bring tot kookpunt en kook vir 4 minute sonder om te roer.
5. Gooi die stroop oor die mielies en roer dit deur totdat al die mielies bedek is.
6. Gooi die mielies op die bakplaat en plaas in oond. (Ekstra sout kan nou bo-oor gegooi word, indien jy dit verkies.)
7. Bak vir 30 minute, roer elke 10 minute.
8. Laat afkoel en bêre in 'n lugdigte houer.

Dadelblokkies

24 blokkies · 30 min. · Elizabeth Bezuidenhout

1 pak	Mariebeskuitjies
125 g	botter
125 ml	bruinsuiker
250 g	dadels, opgekap
10 ml	vanieljegeursel
100 g	bosbessies (*cranberries*)
100 g	gevlokte amandels, gerooster
100 g	witsjokolade, grofgekap
45 ml	klapper om bo-oor te strooi

1. Breek die Mariebeskuitjies in klein stukkies, plaas in 'n mengbak en sit dit eenkant.
2. Plaas die botter, suiker en dadels saam in 'n kastrol en verhit vir 5 minute tot die botter gesmelt is.
3. Voeg die vanieljegeursel by.
4. Roer die beskuitjies, bosbessies en neute by die suiker-en-dadelmengsel.
5. Laat vir 5 minute afkoel en meng dan die witsjokolade by.
6. Meng goed en skep in 'n vierkantige bak (20 cm). Druk die mengsel stewig in die bak vas. Strooi die klapper oor.
7. Sny in blokkies en dien op.
8. Bêre in lugdigte houers.

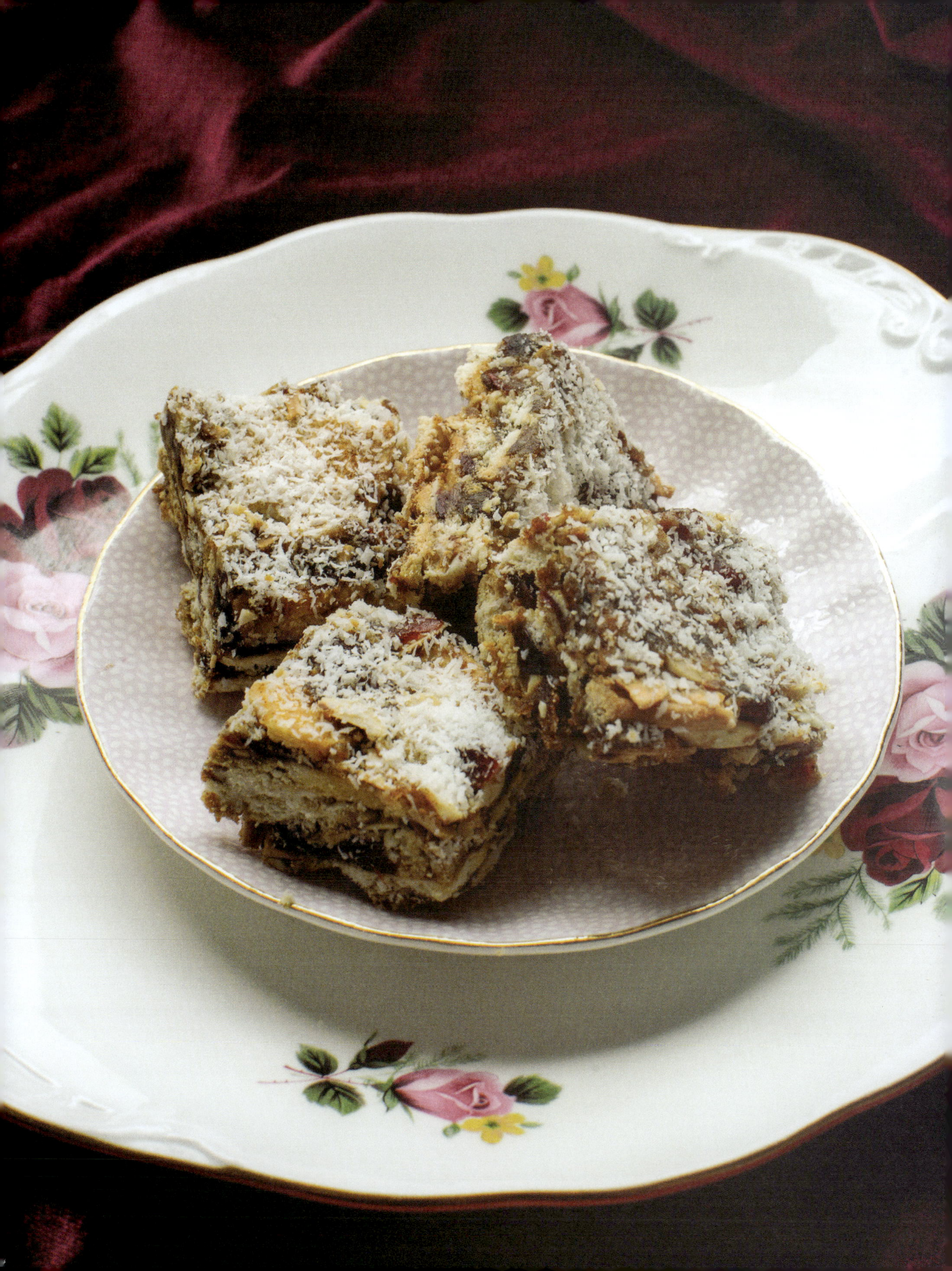

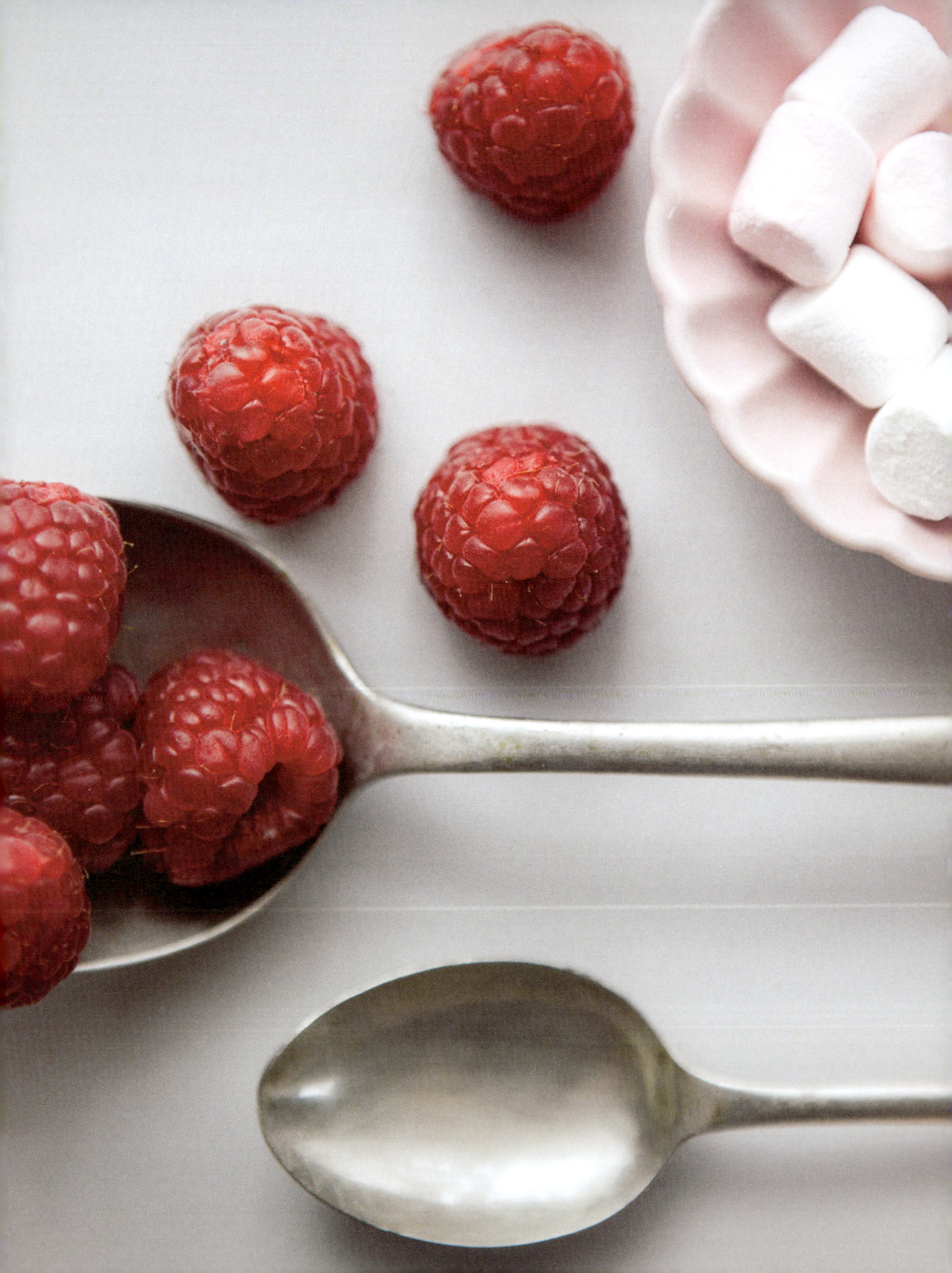

Kosjuwele

♥ As **room koud** is, klop dit vinniger styf.

♥ **Eierwit by kamertemperatuur** klop vinniger styf.

♥ Wanneer jy **eiers skei** en van die geel beland in die wit, haal dit met 'n **eierdop** uit.

♥ **Nat bestanddele** word altyd **by droë bestanddele** gegooi en nie andersom nie.

♥ **Verskillende metodes** laat gebak rys, hetsy dit die meel wat gesif word om lug in te kry, eiers wat geskei of geklits word of die chemiese reaksie van bakpoeier is. **Volg** die instruksies stap vir stap. Daar is 'n goeie rede daarvoor. Meestal is die metode die **enigste rysmiddel.**

♥ **Koeksoda** moet altyd met 'n bietjie **melk/ water opgelos** word voor dit in beslag gegooi word.

♥ Enige **stysel**, bv. mielieblom, soppoeier en vlapoeier, moet met 'n bietjie **water** aangemaak word of met **suiker gemeng** word **voor** dit by enige **resep gevoeg** word. Dit voorkom klonte.

♥ **Moenie geklitste eiers** direk in 'n **warm mengsel gooi** nie. Dit skif. Gooi eers 'n lepel of twee van die **warm mengsel by die eiers** in t.w.v. die temperatuur.

♥ **Droë bestanddele** word meestal **gesif**, nie om die klonte uit te kry nie, maar om lug in te werk. Moenie hierdie stap oorslaan nie.

♥ **Gebak se hoeveelhede** is baie belangrik. **Moenie** dit **skat** nie. Resepte werk altyd op **gelyke, afgestroopte koppies of lepels.** Indien dit opgehoop is, sal die resep dit spesifiek noem.

♥ Indien die resep noem dat jy moet **roer, moenie** dan **klits** nie. As jy te veel klits, verloor dit soms die lug wat reeds daarin is of souse raak te vloeibaar.

Skribbelvel

Inhoud & Simbole

Porsies | Voorbereidingtyd | Oond/Mikrogolf/Baktyd min. = minute | Yskastyd

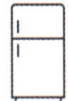

Prutpot | Vrieskastyd | Reseptebronnelys | Ouma ♥ / Mamma ♥ / Sussie ♥

VLEIS
Bobotie	13	♥
Geroosterde Skaapboud	14	♥
Beesstert	15	♥
Herderspastei	16	♥
Wildspastei	17	♥
Beesvleisbredie	19	♥
Basaarkerrie	99	♥
Oondgebraaide Beesfilet	100	♥
Beesvleisstroganoff	101	♥
Oondgebraaide Lamtjops	102	♥
Lamspotjie	203	♥
Nachos	206	♥
Frikadelle	207	♥

HOENDER
Oondgebraaide Hoender	20	♥
Noedelhoender	86	♥
Blatjanghoender	87	♥
Cokehoender	88	♥
Gekrummelde Hoender	89	♥
Kormahoenderkerrie	91	♥
Masalahoenderpot	92	♥
Hoender-a-la-king	93	♥
Hoender-en-brokkoligereg	94	♥
Soethoenderkerrie	196	♥
Hoenderpastei	200	♥

VIS
Stokvis in Suurroomsous	95	♥
Visrollade	97	♥
Snoekpatee	98	♥
Tunagereg	208	♥
Visvingerpastei	210	♥
Viskoekies	212	♥

GROENTE
Glanspatats	21	♥
Kerrieboontjies	22	♥
Pampoenpoffertjies	25	♥
Pampoentert	109	♥
Brokkoligereg	111	♥
Aspersiegereg	112	♥
Boontjiegereg	113	♥
Mieliegereg	114	♥
Ingelegde Beet	117	♥
Gemmerkoekiepatats	216	♥
Patatrolle	217	♥
Groentepot	218	♥

STYLSELGEREGTE
Geelrosyntjierys	23	♥
Aartappelkoekies	26	♥
Aartappelgereg	104	♥
Waaieraartappels	105	♥
Kapokaartappels	106	♥
Oondgebraaide Aartappels	107	♥

SLAAIE

Koperpennieslaai	118	♥
Chinese Koolslaai	119	♥
Broodslaai	121	♥
Brokkolislaai	213	♥
Aarbei-en-fetaslaai	215	♥
Aartappelslaai	215	♥
Spinasieslaai	215	♥

PASTA

Macaroni-en-kaas	84	♥
Pasta Alfredo	197	♥
Tunapastaslaai	198	♥
Hoenderpastaslaai	199	♥
Biltongrisotto	201	♥
Spaghetti Bolognese	204	♥
Lasagne	205	♥
Salmlasagne	211	♥

SOUSE

Mosterd	27	♥
Béchamel (witsous)	28	♥
Hollandaise	29	♥
Bar One-sous	138	♥
Karamelsous	243	♥
Grondboontjiesous	243	♥

SOP

Boontjiesop	30	♥
Botterskorsiesop	135	♥
Biltongsop	136	♥
Groentesop	230	♥
Mosselsop	231	♥

DRINKGOED

Suurlemoenstroop	226	♥
Gemmerbier	229	♥

ONTBYT

Mieliepap	40	♥
Melkkos	42	♥
Granola	129	♥
Amandelcroissants	132	♥

BESKUIT

Gesondheidsbeskuit	38	♥
Karringmelkbeskuit	39	♥
Semelroombeskuit	124	♥
All Branbeskuit	125	♥

SOUTTERTE

Paptert	108	♥
Spek-en-fetaquiche	167	♥
Outydse Souttert	168	♥
Tunatert	169	♥
Marmitetert	171	♥
Botterskorsietert	173	♥

BROOD & GEBAK

Vetkoek	31	♥
Mieliebrood	33	♥
Witbrood	34	♥
Outydse Skilferdeeg	35	♥
Piesangbrood	36	♥
Pannekoek	44	♥
Plaatkoekies	45	♥
Vrystaatse Knope	126	♥
Paasbolletjies	127	♥
Dadelbrood	130	♥
Gesondheidsmuffins	131	♥
Skons	134	♥
Kaneelrolletjies	145	♥
Bierbroodjie	219	♥
Veerligte Skons	221	♥
Kaas-en-uiebrood	222	♥
Pizzadeeg	223	♥
Biltong-en-kaasstrooitjies	224	♥

WARM POEDINGS

Malvapoeding	46	♥
Souskluitjies	47	♥
Dadelpoeding	49	♥
Rolpoeding	50	♥
Roly Poly	50	♥
Sagopoeding	51	♥
Wafels	138	♥
Sjokoladekluitjies	146	♥
Lemoenpoeding	149	♥
Bruinpoeding	150	♥

KOUE POEDINGS

Shirazroomys	139	♥
Maklike Roomys	140	♥
Koekstruif	141	♥
Trifle	141	♥
Créme Brulee	143	♥
Tiramisu	144	♥
Cassata met 'n kinkel	232	♥
Swartwoudkoekstruif	236	♥
Black Forest Trifle	236	♥
Sjokolademousse	237	♥

SOET TERTE

Gebakte Melktert	64	♥
Suurlemoenmeringue	66	♥
Brandewyntert	67	♥
Sjokoladeneuttert	157	♥
Pekanneuttert	160	♥
Malvalekkertert	161	♥
Karamel-pepermenttert	163	♥
Pepermenttert	164	♥
Klappertert	165	♥
Jogurttert	233	♥
Cremoratert	235	♥
Maklike Melktert	238	♥

KOEK

Vanielje-sponskoek	56	♥
Hemelse Versiersel	56	♥
Sjokoladekoek	57	♥
Sjokoladeversiersel	57	♥
Vrugtekoek	58	♥
Papawersaadkoek	59	♥
Streusel Apfelkuchen	60	♥
Sjokoladerol	62	♥
Rolkoek	63	♥
Vlakoek	152	♥
Mississippi-modderkoek	153	♥
Piesangwortelkoek	154	♥
Gebakte Kaaskoek	156	♥
Rooifluweelkolwyntjies	159	♥
Red Velvet Cupcakes	159	♥

SOETGOED

Ystervarkies	68	♥
Fudge	70	♥
Koeksisters	76	♥
Vlaskywe	174	♥
Tamboesies	175	♥
Skuimpies	178	♥
Brownies	185	♥
Malvalekkerblokkies	186	♥
Sjokoladeblokkies	189	♥
Mikrogolf-fudge	239	♥
Klapperys	240	♥
Malvalekkers	242	♥
Karamelspringmielies	245	♥
Dadelblokkies	246	♥

KOEKIES

Vlakoekies	71	♥
Soentjies	72	♥
Hertzoggies	73	♥
Soetkoekies	74	♥
Smartiekoekies	176	♥
Gemmerkoekies	177	♥
Kraakkoekies	180	♥
Skurwejantjies	181	♥
Rice Krispieskoekies	182	♥
Mishopies	183	♥

Die **Trouvrou**-droom is gebore in die hart van 'n Vrystaatse nooi met 'n liefde vir onthaal, kook en alles wat mooi is.

Ek glo vas dat stories rondom 'n mooi tafel en kos gebeur - stories van omgee en onthou.

Die tyd het aangebreek om uitstappies na peperduur restaurante opsy te skuif en kuiers as familie en vriende tuis rondom 'n tafel te geniet.

Ek werk tans as troubeplanner, asook dekor- en blommestilis in die Boland en Overberg. Met 'n Nasionale Diploma in Gasvryheidstudies en twintig jaar ondervinding in die gasvryheidsbedryf, wil ek graag my liefde vir kook, bak en onthaal met jou deel.